Jürgen Fuchs / Gerhard Hieke
D u m m g e s c h u l t ?

D1662342

Gebäude der Goethe-Oberschule in Reichenbach/Vogtland.

JÜRGEN FUCHS / GERHARD HIEKE

DUMMGESCHULT?

Ein Schüler
und
sein Lehrer

BASISDRUCK

Redaktion: Franziska Groszer

Jürgen Fuchs

ZWISCHEN MUT UND LÜGE

Wo zeigt sich der Staat nackt? Wo wird klar, was gemeint ist hinter Präambeln, Phrasen und gehobenen Worten? In den Gefängnissen, den Irrenhäusern, den Kasernen, den Schulen. In den Dienstzimmern kleiner Bahnhöfe. Wenn Türen auf- und zugeschlossen werden. Wenn sich der Hausmeister zeigt in seinem blauen Kittel. Wenn der Spieß brüllt und Staub sucht auf Lampenschirmen und hinter Soldatenschränken. Wenn eine „Aufnahme" vollzogen wird „auf Station", Abgabe der persönlichen Utensilien, Zuteilung des Zimmers, der Zelle, des „Verwahrraums", wie es im offiziellen Jargon der gedruckten Gefängnisordnung bei den Stalinisten hieß.

Viel zeigt sich auch beim Zuhalten der Ohren, beim Wegblenden der Töne, nur der Mund ist wichtig, die Lippen, die sich bewegen, die Zähne, die Hand, die Faust, der Zeigefinger... Wenn das Beschwichtigen weg ist, wenn Klartext kommt, wenn sie ihre Ausweise zeigen, wenn sie leise und zynisch sagen, warum kein Abitur gemacht werden kann „bei solch einem gesellschaftlichen Verhalten". Dann wissen wir es. Dann ist es klar.

Ich war Schüler, Rekrut auf Kasernenhöfen, auch Häftling. Ich bin froh, daß ihr „System" zusammenbrach. Daß ihre elende Mauer-Grenze weg ist mit den Peitschenlampen in einer Reihe und diesen langen, weiten „Postenbereichen" der Leere, der Stille, der Einsamkeit und der Gewalt. Bunt soll es jetzt ruhig sein, frech, durcheinander, auch freundlich und offen gegenüber „Abweichungen" und anderen Menschen, anderen Farben der Haare, anderen Ländern und Kulturen. Und die die Blauhemden auszogen in Hoyerswerda, müssen nicht braune anziehen und alte widerliche Sprüche klopfen. So mutig ist das nicht. Auch ihre Militärstiefel könnten sie ausziehen. Wir mußten solche tragen und haben sie gehaßt, als uns Unteroffiziere über Sturmbahnen trieben und den „Entengang" beibrachten. Nie wieder Gleichschritt, nie wieder militärisch-rasierte Köpfe, „nie mehr antreten auf einen Pfiff hin" (W. Borchert). Und in der Schule? Fahnenappell? Halstuch? Melden? Gruppenrat? Fahne einholen. Einfach weggehen. Oder lachen. Oder schreien. Lockere Verhältnisse sollen sein, lernen ja, so viel wie möglich, aber nie mehr schleimen und politisch anpassen. Nie mehr diese Lüge, die „vieles gar nicht so schlecht fand", weil „Ordnung herrschte" und „eine gewisse Orientierung". Es lebe der autoritäre Charakter!

Wie hurtig Kehrt-Wendungen vollzogen werden, wie vehement plötzlich auf bürgerliche Rechtsstaatlichkeit gepocht wird und auf „sehr exakte Beweise einer IM-Tätigkeit", die ja heimlich, konspirativ vollzogen wurde. Wer soll die Beweise bringen, falls noch etwas da ist von der Verkollerung? Verbrennen „der Bestände in Keller 2000 Ebene 1"... Die Bespitzelten, die Betroffenen von damals sollen die Beweise bringen. Was heißt „damals", es ging ja bis vor kurzem, bis gerade eben.

"Die Lehrer, die Rekrutenschinder/ Sie brechen schon das Kreuz der Kinder/ Sie pressen unter allen Fahnen/ Die idealen Untertanen:/ Gehorsam-fleißig, geistig matt// Die hab ich satt!" singt Wolf Biermann in einem seiner frühen, großartigen Lieder. Wie wahr, wie zutreffend! Wie erleichternd auch in seiner radikalen Aggressivität. Und doch, ich traf auch andere, traf gute Lehrer. Einzelne, ja, gewiß eine Minderheit, aber wie wichtig waren diese Begegnungen für den Heranwachsenden. Lebenswichtig.

Die Härte der Kritik an der zweiten deutschen Diktatur muß die Tatsache einschließen, daß es in allen Berufen und sozialen Schichten Menschen gab, die widersprochen haben und das ihnen Mögliche versuchten, Zivilcourage zu praktizieren und Demokratisierung zumindest richtig zu finden. Zumindest nicht als „Konterrevolution" oder „Sozialdemokratismus" oder „liberale Abweichung" zu diffamieren. Dies geschah oft leise, im Privaten, aber mitunter auch auf Schultreppen, in Konferenzen oder beim Schreiben von Beurteilungen. Es war viel, ein Gedicht von Reiner Kunze oder Sarah Kirsch im Unterricht zu behandeln. Es gehörte Mut dazu, den militaristischen Drill des Wehrkundeunterrichts diskret oder ironisch zu unterlaufen. Es verlangte eine Entscheidung, den Schüler aus christlichem Hause zu fördern. Es hatte Folgen, nicht in die Einheits- oder Blockpartei einzutreten.

Und die ganze Kraft der humanen Orientierung, des Gewisens, wurde benötigt, Nein zu sagen, wenn die heimlichen Herren kamen, die netten Staats-Mafiosi in ihren Anzügen und feschen Wagen. Wie schwer war es, diese Stunden zu durchleben. Und die Folgen zu tragen, wenn man nicht kuschte vor ihren Angeboten und Drohungen. Oder wenn man sich doch löste nach einigen „Gesprächen" und Situationen der Schwäche.

Ich denke an Lehrer, denen ich begegnet bin, zum Beispiel an Edwin Kratschmer, an Christine und Edgar Stognienko, an Gerhard Hieke.

Gerade in dieser Zeit der oft nur formalen „Überpüfungen" plädiere ich für Selbstbefragung. Und dafür, keine einzige Haltung, keinen einzigen Augenblick zu vergessen, wo jemand gut gehandelt hat. Wo er einmal Solidarität zeigte, etwas Mitgefühl und Achtung vor dem anderen, der vielleicht in Not war oder politisch attackiert wurde. Ich bejahe nachdrücklich „Brüche" in Biografien, begrüße ehrliches „Umdenken" und Heraustreten aus alten Rollen und Verstrickungen. Wenn zumindest ein Anfang gemacht wird, der nicht berechnend ist...

Humane Orientierung heißt doch nichts anderes, als klar zu wissen, daß der eine auch der andere sein könnte. Und daß wir alle immer partiell im Irrtum leben, daß keiner – und zu keiner Zeit – die Wahrheit für sich gepachtet hat. Die wahrhaftige Erinnerung ist milde, sie vergißt nicht den kleinen Mut, sie bemerkt noch das unwillkürliche Zucken der Augen, der Seele, wenn Unrecht geschah, das nicht verhindert wurde. Nur dieser harte, unduldsame deutsche Blick soll jetzt endlich seine Macht verlieren! Er war zu Hause auch in Schulgebäuden, in Direktoren- und Lehrerzimmern. Wir wissen es doch alle. Diese Menschen, diese Täter mit den unerreichbaren Augen, die keine Schuld fühlen, sollen nicht mehr unsere Kinder unterrichten. Wir möchten mit ihnen in einer Stadt leben, gewiß, sie sollen ihr Auskommen haben und alle Menschenrechte. Aber unsere Kinder, wenn sie ankommen mit Zuckertüten, offenen wachen Augen, sehr vielen Fragen und dem Vermögen, sich anzuvertrauen, benötigen eine faire, demokratische Schule. Auch eine Schule der Demokratie, des Probierens, des „Austestens", des Experiments, der musischen Weite und der kontroversen Zuspitzung. Eine Schule, die den Einzelnen nicht als Laus oder Pionier oder Objekt betrachtet, sondern sich persönlich stellt und freisetzt, was menschenmöglich ist: unterschiedliche Fähigkeiten und eine Suchhaltung, die nicht aufgibt (– denn die Diktatur brachte uns ja vollendet bei, was alles „keinen Sinn hat", sich „nicht lohnt" – Diktatur war eine Schule der Depression!). Die also auch widerspricht, sich auflehnt und immun wird gegen die Verführung und Angstmache der Macht. Und die bessere Argumente akzeptiert und Menschenrechte gern hat, Gerechtigkeit, Freiheit, Wahrheit. Das sind nicht bloß Worte, wir wissen doch, was es heißt, wenn sie mißachtet werden. Wir kennen doch nun hoffentlich ganz und gar die deutsche Kehrseite eines Staates ohne und gegen die Demokratie. Ich bin für eine Schule, in der eine Haltung weitergegeben wird, die es nicht fertigbringt, den Mitmenschen zu ignorieren. Oder den mit der Brille oder die mit den gekräuselten Haaren fertigzumachen.

April 1992

Klassenfoto 1968, Jürgen Fuchs links unten.

Gerhard Hieke mit seiner Klasse 1968.

Jürgen Fuchs: Ich sehe dich noch an der Tafel stehen, ein Gedicht anschreiben: Jakob Apfelböck – in mildem Lichte / Erschlug den Vater und die Mutter sein / Und schloß sie beide in den Wäscheschrank.

Ist das ein Gedicht? hast du uns gefragt.

Gerhard Hieke: War es wirklich Jakob Apfelböck?

Jürgen Fuchs: Ich bin mir ziemlich sicher. Wir waren schockiert! Von wem ist das? wolltest du wissen. Keiner kam auf Brecht, der auch das „Lob des Kommunismus" verfertigt hatte...

Nach fast fünfzehn Jahren sehen wir uns wieder! In Zwickau, Gerhard, in dieser Wohnung... Du warst nicht da, warst in der Schule. Ich habe geschaut – Adresse, Klingel, ja, alles da. Dann halfen Nachbarn: Ja, Herr Hieke ist in der Schule, gehen Sie da und da hin.

Und jetzt ist die Mauer weg, Aufbegehren in den anderen Ländern... Was für eine Situation!

Ich habe unsere Gespräche, unsere Diskussionen sehr vermißt...

Gerhard Hieke: Ich auch...

Wie bist du eigentlich Lehrer geworden?

Als ich so alt war wie du, als wir uns kennenlernten, hatte ich ganz verschiedene Wege und Möglichkeiten vor mir. Eine Zeit hatte ich damit geliebäugelt, Theologie zu studieren. Dann zogen mich besondere Neigungen zur Medizin. Und wegen eines Lateinlehrers, der mir imponiert hat, interessierte ich mich für die alten Sprachen. Als ich mich dann schließlich für die Altphilologie entschied, eiferte ich vor allem diesem einen Lehrer nach, Dr. Wetzel, ein Lehrer der alten Schule, der bei vielen gefürchtet war. Der hat viele Dinge gewußt, die ich auch gerne so selbstverständlich und so genau gewußt hätte. Mich hat seine Akribie ganz besonders beeindruckt. Und gefürchtet war er wegen der Genauigkeit, mit der er alles, was er vermittelte, auch wieder abverlangt hat.

War es für dich schwierig, an diese Schule zu kommen, wie war das damals?

Ich bin 1950, nach der 8. Klasse – und damals gab es da noch Abschlußprüfungen! –, an die Oberschule in Reichenbach gekommen. Und obwohl meine Eltern in der Methodistenkirche stark engagiert waren, was in solch einer kleinen Stadt natürlich bekannt war, und eher ablehnend auf vieles in dieser neuen DDR reagierten, gab es eigentlich keine Probleme. Ich war nicht Pionier und wurde erst später Mitglied der FDJ; aber vielleicht ging alles deshalb so reibungslos, weil mein Vater bei der Wismut gearbeitet hat, Arbeiterklasse im besten Wortsinn sozusagen.

Komplikationen stellten sich für mich erst an der Schule ein. Ich habe dort ja jene Zeit miterlebt, wie im Frühjahr 1953 alle die, die das Kreuzchen der Jungen Gemeinde trugen, zum Direktor bestellt wurden und gesagt bekamen: Entweder das Kreuzchen oder die Oberschule…!

Jener Oberstudienrat Kirbach wurde übrigens bald selbst abgelöst, aber nicht deswegen. Es war ja auch jenes Jahr, da sogenannte bürgerliche Kräfte an den erweiterten Oberschulen durch andere Leute ersetzt wurden, weil es nun hieß: Das müssen Kaderschmieden der Arbeiterklasse werden, also Kampf gegen „bürgerliche Bildungsstätten". Das vollzog sich gerade im Jahr 1953 und führte zur Entfernung einer ganzen Reihe von

Lehrern an dieser und anderen Schulen, auch jenes Dr. Wetzel. Für mich amüsant an der Geschichte: daß ich wahrscheinlich Theologie studiert hätte, wäre nicht der 17. Juni gekommen und hätte diese Kontroverse gewissermaßen aufgelöst. Das eine oder andere wählen zu *müssen* bringt ja einen jungen Menschen, ich jedenfalls empfand es so, in einen eigenartigen Zugzwang, in diesem Falle: nun natürlich und erst recht das Kreuzchen und die Theologie zu wählen, obwohl man sich gar nicht sicher sein konnte, daß das die richtige Entscheidung war. Auf diese Weise werden ja auch Märtyrer gemacht.

Im Herbst, als die Klasse 12 für uns begann, war von der Entscheidung jedenfalls plötzlich nicht mehr die Rede. Das war wohl eine Folge der etwas geänderten Kirchenpolitik.

Im Herbst 1954 habe ich dann in Leipzig zu studieren begonnen, klassische Philologie. Und während des Studiums, wohl im 2. Studienjahr, vermutlich auf Grund fehlender Einsatzmöglichkeiten in Griechisch, habe ich das Angebot wahrgenommen, zusätzlich noch Germanistik zu studieren.

Während des Studiums bin ich weltanschaulich und politisch besonders stark geprägt worden, *da* wurden Weichen für meine Biographie gestellt. Einmal, weil wir in unserer kleinen Seminargruppe von ca. 15 Studenten drei oder vier waren, die sich philosophisch, politisch, kulturell besonders interessierten und engagierten. Vor allem aber: Als wir in Leipzig mit dem Studium begannen, waren dort noch Lehrkräfte im Amt, die auf Grund ihrer Persönlichkeit und ihrer Geschichte junge Leute, die nach einer Orientierung suchten, in besonderer Weise anziehen mußten.

Wie du ja auch noch erlebt hast, mußten alle Studenten in drei Studienjahren Marxismus-Leninismus wie einen Katechismus studieren. *Diese* Lehrkräfte meine ich natürlich nicht; das alles haben wir mehr oder weniger abgehakt. Aber da gab es Bloch, Mayer, Dornseiff… Und obwohl wir oft auf den Stufen sitzen mußten, sind wir geradezu begierig zu Ernst Bloch gegangen, haben keine seiner philosophischen Vorlesungen versäumt. Keine *Minute* dieser Faszination wollte man versäumen, die von diesem Mann ausging. Man spürte: Der trägt nicht etwas vor, was im Augenblick als Glaubensbekenntnis verlangt ist. Da steht einer, von dem man wußte: Der Mann und das, was er sagt, das gehört einfach zusammen. Keines seiner Bücher, das ich nicht gekauft und verschlungen hätte – übrigens wirklich vom Munde abgespart, was mein Sohn zum Beispiel nicht hören mag, diese Geschichten aus der schlechten Zeit.

Auf *ganz* andere Weise ist von Hans Mayer in der Germanistik Faszination ausgegangen. Eine schillernde Persönlichkeit! Über ihn wurden diese Professorengeschichten erzählt, Geschichten, wie Prüflinge sie erlebt haben: die Frage nach Thomas Manns Adresse z.B., die Skandale in Prüfungen. Dann die Bemerkungen des humanistisch Gebildeten gegenüber klassischer Unbildung! Mich hat er sehr stark beeindruckt, beeinflußt wohl auch: diese wahrhaft enzyklopädische Bildung, diese Weite und Vielfalt, eine Eloquenz, die allein schon ihn in der DDR verdächtig machen mußte, aber auch die geradezu sokratische Art seiner Seminare: stundenlange Streitgespräche, die zuletzt auf ganz neue Weise den Ausgangspunkt begreifen ließen. Und Methodisches: Wie streitet man, wie geht man vorurteilsfrei und tolerant Probleme an?... Sicher könnte ich Professoren nennen, bei denen unterm Strich – nähme ich heute die Hefter her – mehr zum Nachschlagen blieb, aber wirkliche *Persönlichkeiten*, die prägten, die eigentlich *immer* lebendig blieben, das waren zuallererst Bloch und Mayer.

Und in dieser Zeit bist du von der Uni geflogen?

Diese Geschichte verlief sehr kompliziert und beziehungsreich verzögert, denke ich heute, sozusagen DDR-Geschichte biographisch.

Nach Beginn der Diskussionen über Personenkult und Stalinismus in der Sowjetunion kam es auch in Leipzig zu erregten Debatten, im kleinen Kreis, aber auch in Versammlungen. Ich hatte mich dabei mit Fragen und Ansichten zur Hochschulpolitik, zur Qualität des philosophischen Grundstudiums, zu Ehrlichkeit und Dogmatismus geäußert. Das gab Beifall, erregten Widerspruch, viele Gespräche, aber ansonsten – geschah gar nichts. Herbst 1956, die Ereignisse in Ungarn sind bekannt, sie wurden bald schon als die konsequente Fortsetzung der Diskussionen der Intellektuellen betrachtet. Mit vielleicht einem halben Jahr Verspätung tauchten mit einem Mal Artikel und Äußerungen auf: Diskussionen, wie wir sie erlebt, geführt hatten, dürften an unseren Hochschulen nicht zugelassen werden; *keine* ungarischen Verhältnisse! Wir ahnten, was heute jeder Interessierte weiß: Da waren ganz oben atmosphärische Veränderungen beschlossen worden. Man denke an Walter Janka, an das Vorlesungsverbot für Bloch und an andere Einschnitte. Und irgendwo am Rande traf es auch kleine Studenten wie mich. Ich erinnere einen Artikel an der Wandzeitung in der großen Mensa der Universität; plötzlich las ich auch meinen Namen als den eines Studenten, der mit provokatorischen Äußerungen Politik und Hochschulpolitik unseres Staates in Verruf brächte. Und *das* dürfe man sich nicht länger gefallen lassen!

Wer verfaßte so etwas, gab es da Name und Adresse?
Jener entscheidende Artikel war von einem gewissen Klein unterschrieben. Von dem zumindest weiß ich, daß er später promovierte und ein Institut zur Erforschung proletarischer Literatur aufbauen durfte, Mayer-Schüler und -Gegenspieler in einem. Damals war er wohl noch Student, Mitglied der Hochschulparteileitung, wenn ich nicht irre.

Bloch wurde zu dieser Zeit auch schon angegriffen?
Ja. Und das bewegte uns sehr. Zum Beispiel in Zeitungen – ND, Leipziger Volkszeitung, Sonntag könnten es gewesen sein. Sein Name fiel in Vorlesungen und Versammlungen. Ich erinnere mich, mit wieviel *Gift* M/L-Dozenten, die Gralshüter der reinen Lehre sozusagen, den verhaßten Konkurrenten diffamierten, in dessen Vorlesungen *nicht* gestrickt oder gelesen wurde. Die Vorgänge um die immer offenere Behinderung und hinterhältige Ausbootung erregten uns, das Vorlesungsverbot, das *so* nicht genannt werden durfte.

So bekam ich zunächst die Verschärfung meiner *eigenen* Situation gar nicht recht mit; geblieben ist bis heute das Gefühl, in einem Marionettentheater mitbewegt worden zu sein. Die Spieler blieben unsichtbar.

An eine Versammlung vom Mai 1957 erinnere ich mich gut. Funktionäre der FDJ im Präsidium, Kader aus dem Grundlagenstudium, als besonderes Attribut drei Arbeiter – jedenfalls wurden sie als Genossen aus Leipziger Großbetrieben annonciert. Ähnliches habe ich später auch von anderen gehört: Arbeiter als Wunderwaffe in der Diskussion mit Intellektuellen. Als Ausdruck meiner Brecht-Begeisterung trug ich damals das Haar extrem kurz.

Für diese klassenbewußten Arbeiter – es lag außerhalb meiner Erwägungen, daß das vielleicht auch nur das tschekistische Zerrbild davon sein könnte –, denen man nun vortrug, was dieser Student gesagt und gemeint hatte, wirkten natürlich schon Erscheinungsbild und Auftreten provozierend. Ein interessantes Phänomen: Kurzes Haar, Caesar-Brecht sozusagen, das war verdächtig, schien dem Sozialismus zu schaden. Zehn Jahre später trug der „Antisozialist" *lange* Haare; unser beider gemeinsamer Direktor Uebel führte den urdeutschen Kurzhaarscheitel wie den Caesar-Pony in den Klassenkampf gegen die Beatniks.

Zurück zu jenen benützten Arbeitern. Wie mußte dieses Bürschchen auf sie wirken? Wie der schon aussah! Und selbst nach einer Stunde noch keine Anzeichen von Bekehrung. Der behauptete sogar, er spräche eigentlich im *Interesse* des Sozialismus. Man nannte ihn *feindlich*, der aber schaute *ungläubig* drein. Man erklärte ihm die Philosophie Blochs mit ganz, ganz einfachen Worten, der grinste arrogant. Da loderte heiliger Zorn…

Waren das Arbeiter, die vielleicht die Parteikreisleitung geschickt hatte? Und haben sie selbst auch Fragen gestellt?

Sie wurden vorgestellt als Genossen aus volkseigenen Betrieben, Vertreter der Arbeiterklasse, mithin auch meine Geldgeber – ich bekam 110 Mark Stipendium. Daß sie gefragt haben, habe ich ihnen ja auch nicht verübelt, aber die *Art* brachte mich auf, die *Methode*. Nach meinem Aussehen fragten sie und ob ich Stipendium bekäme. Wie meine Ansichten zu erklären wären, wenn doch meine Eltern Arbeiter sind? Nicht von *Bloch* oder *Mayer* war die Rede, nicht vom Niveau des Grundlagenstudiums oder vom Dogmatismus; sondern immer nur ad hominem, Verdächtigung meiner Person.

Wegen meiner Äußerungen und auf Grund meiner Uneinsichtigkeit wurde ein Disziplinarverfahren gegen mich eingeleitet. Prof. Kusch, ein junger, aber schon renommierter Altphilologe, sollte mich als Vertreter unseres Instituts begleiten und verteidigen. Er hielt das Ganze für eine lächerliche Formalität und gab ihr eine halbe Stunde, denn es lag ja nichts vor. Am wenigsten noch hatte er sich in der Zeit geirrt, es dauerte kaum eine Stunde. Aber als wir dann den Raum verließen, hat er den Kopf viel heftiger geschüttelt als ich. Zumindest hatte ich ja geahnt, befürchtet, was geschehen würde. Ihm aber, wissenschaftliches Denken gewohnt, ausgezeichnet durch philologische Akribie, muß das alles wie Walpurgisnacht vorgekommen sein. Dieses Kauderwelsch ging über seinen Horizont.

Das Urteil vom 25.1.1958 habe ich noch, unterschrieben von einem der von mir so geliebten M/L-Professoren, einem gewissen Wolf. Als Statisten waren Vertreter der Fakultät, des Prorektorats und meines Instituts anwesend – der Disziplinarausschuß. Wiederholt wurde alles, was ich aus den Versammlungen kannte. Der Mangel an Einsicht und Reue wog schwer. Wegen feindlicher und provokatorischer Äußerungen gegen die Hochschulpolitik der DDR wurde ich für ein Jahr von allen Hochschulen des Landes verwiesen; in diesem Jahr sollte ich mich in der sozialistischen Produktion bewähren, um dann *geläutert* mein Studium weiterführen zu dürfen.

Trat in diesem Zusammenhang und in diesem Umkreis die Stasi auf, mit Fragen etwa oder Bedrohungen?

Ich glaube nicht; gesprochen haben viele Studenten und Dozenten mit mir, und während meiner Bewährung in der Produktion traf ich andere relegierte Studenten. Erst heute, also wirklich sehr nachträglich, denke ich zuweilen, daß vielleicht der eine oder andere einen Auftrag dazu hatte. Damals nahm ich's ganz naiv als *Interesse* an mir und am Diskussionsgegenstand.

Hast du in dieser Phase manchmal gedacht, du hättest doch besser Theologie wählen sollen? Erschien dir diese Zeit als eine, in der es immer enger wurde, oder als eine, wo es doch noch Möglichkeiten gab?

Theologie hatte sich für mich damals schon erledigt. Das hing auch mit Bloch zusammen und dem ganzen Umfeld. In dieser Atmosphäre großer weltanschaulicher Offenheit, auch von Gesprächen mit Freunden beeinflußt, trat ich aus der Kirche aus. Es dauerte lange, bis meine Eltern das verwunden hatten, es gab da mancherlei Konflikte. Ich interessierte mich zwar weiterhin für religionsphilosophische Fragen, aber meine geistige Heimat konnte ich *dort* nicht mehr finden. Also auch kein Gedanke mehr an ein Theologiestudium.

Etwas anderes ist mir in letzter Zeit oft in den Sinn gekommen: Es gab Kommilitonen und Freunde, die sagten damals: Nimm dein Urteil, geh nach Berlin, du kannst doch sofort an der

17

FU studieren! Für mich aber stand fest: Das, was *ich* wollte, wollten im Grunde sehr *viele*; also kann es doch nur eine Frage der *Zeit* sein, daß man mit solchen Meinungen, solchem Auftreten nicht mehr scheitert. Man wird Anhänger finden, diese Gesellschaft ändern! *Davon* träumte ich. Und die Realität? In diesen Konflikten hielten sich die meisten diplomatisch zurück. Unter vier Augen Zustimmung, Anerkennung. Aber keine Solidarität, nein, *offen* gab es *die* nicht.

Bis hin zum Abwenden?
Ja, auch das. Obwohl andererseits, als ich dann ausgeschlossen war und als Rangierer im Schichtdienst arbeitete, verschiedene Dozenten mir anboten, ich könne zu jeder Veranstaltung kommen. Ich müßte halt nur ein Jahr dranhängen, weil man ja formal nichts gegen den Ausschluß machen könne.

Ich habe dann auf dem Verschiebebahnhof in Leipzig-Mockau gearbeitet. Ich wurde übrigens sogar ausgezeichnet.

Warum gerade als Rangierer? Das ist doch auch gefährlich? Deines Vaters wegen, der ja auch bei der Bahn war?
Danach bin ich oft gefragt worden und kann's eigentlich gar nicht beantworten. Ich wollte nicht aus Leipzig weg, wollte mit meinen Freunden zusammen bleiben, und da war dieses Angebot, nicht ganz und gar auszusteigen. Ich hatte auch Horror davor, in einem Betrieb, einer Werkhalle eingesperrt zu sein. Vielleicht hat's auch eine Rolle gespielt, daß bei uns von Eisenbahn viel die Rede war, kann sein. Das mit dem Rangieren schien mir jedenfalls ganz reizvoll – man war an der frischen Luft und man konnte sich viel bewegen. Da war der Arbeitsablauf nicht ganz so monoton. Ich hatte ja nichts gelernt, war also Hilfsarbeiter am Anfang, Rangierhelfer.

Man mußte, glaube ich, 14 Tage Lehrgang mitmachen, sogar theoretischen Unterricht. Ich kann dir *heute* noch den Unterschied zwischen einem Bahnhof und einem Haltepunkt durch Definitionen erklären! Dann gab es praktische Unterweisungen, und am Ende des Jahres konnte ich auch den Rangierleiter ersetzen, wenn er fehlte. Vergnügen kann man's natürlich nicht nennen, schließlich wollte ich studieren, aber ich nahm's doch auch gelassen.

Nach diesem Jahr bekam ich eine Beurteilung, daß ich mich

durch Zuverlässigkeit, Eifer, Einsatzbereitschaft und dergleichen würdig gezeigt hätte, wieder studieren zu dürfen. Das Kuriosum: Ich war bei den Altphilologen plötzlich das Studienjahr, das es gar nicht *gab*, denn wir hatten wegen des geringen Bedarfs nur das erste, dritte und fünfte Studienjahr. Nun war ich der zwischendrin.

Und dann stand vor mir ein letztes, besonders interessantes Studienjahr. So durfte ich zum Beispiel für jüngere Studenten ein – heute würde man sagen... Unsinn, *könnte* man ja nicht mehr FDJ-Studienjahr sagen – einen Zirkel also über vorsokratische, auch über hellenistische Philosophie veranstalten. Ich erinnere mich an heftige Auseinandersetzungen mit den Genossen Studenten: Altphilologen sollten sich lieber intensiver mit Marx, Engels usw. beschäftigen, nicht mit so vorsintflutlichen Erscheinungen. Ein Standpunkt in der Ausbildung, vor allem der *Lehrerbildung*, der leider um sich griff und dessen Folgen wir heute spüren. Damals, 1959/60, gab es da noch große Differenzen. In unserem kleinen Institut lebten wir ja noch weitgehend auf einer Insel. Unter den Studenten, erinnere ich mich, war ein *einziger* Genosse mit solch *beschränktem* Horizont, ein Kanarienvogel unter uns Spatzen; unsere Dozenten gingen sehr pfleglich mit ihm um. Unter Historikern dagegen wäre er schon nicht mehr aufgefallen, die *kämpften* bereits um den Fortschritt, indem sie Anwesenheitslisten ankreuzten, Blauhemden zählten, den Klassenstandpunkt durch Zensuren dividierten, gegen bürgerliche Relikte wie das studentische Klopfen verbissen angingen usw. Nein, da waren wir *nicht* auf der Höhe der Zeit.

Prof. Dornseiff etwa hatte mich, als es um mein Disziplinarverfahren ging, gefragt, *wo* ich mich denn so provokatorisch geäußert hätte. Mit meiner Auskunft: in einer FDJ-Versammlung, konnte er nichts anfangen. Nach meinen Erklärungen lächelte er wie ein Faun, er glaubte kapiert zu haben: Das sei also so etwas wie die HJ früher... Prof. Kusch, nicht halb so alt, bedeutender Wissenschaftler auch er, ignorierte all die provinziellen Politkampagnen ebenso. Beide arbeiteten hart, waren auch durchaus nicht unpolitisch, aber DDR *konkret*, *das* lief an unserem Institut zumeist vorbei.

Und wie kamen solche Leute zurecht? Ich denke an Klemperers LTI. Der ist ja in Ostberlin auch ziemlich still geworden...

Gab es Überlegungen, DDR-Wirklichkeit und Sprache ähnlich zu untersuchen?

Zwischen bestimmten Bekundungen in Versammlungen und der fachlichen Ebene gab es erhebliche Differenzen. Ich erinnere mich sehr gut, daß etwa Dornseiff und Kusch, Mayer sowieso, Frings weniger, Sprachbetrachtungen in der Art Klemperers, auch historische Parallelen zwischen III. und IV. Reich nicht selten einflochten. Es wäre interessant zu wissen, *wann* genau das aufgehört hat. Wir jedenfalls haben Fachrichtungen noch belächelt, wo es diese beiden Ebenen nicht *mehr* oder kaum *noch* gab, wo wissenschaftliche Ausbildung als Klassenkampf mit vielen lächerlichen Attitüden betrieben wurde, etwa bei den Historikern oder gar am Franz-Mehring-Institut. Dort standen politische Rituale im Vordergrund; bei uns wurden sie gelegentlich mit Augurenlächeln *absolviert*, wenn man sich von außen kontrolliert fühlte.

Wie war die pädagogische Ausbildung? Gab es Erziehungswissenschaften, Psychologie...?

Unsere Ausbildung an der Universität verlief damals noch ganz traditionell, neue Formen hielten gerade Ende der 50er Jahre Einzug, von den genannten Professoren mit bissigen Kommentaren bedacht. Das hieß also, daß die pädagogische Ausbildung ziemlich am Rande lief; wir mußten uns immer sagen lassen, wir sollten erst einmal gute Fachleute werden, das andere käme dann schon von alleine, das sei immer gekommen. Gern und genau erinnere ich mich an die Psychologie, eines meiner Steckenpferde. Dr. Clauß, Verfasser einer Kinderpsychologie, las eine gute Entwicklungspsychologie. Bei ihm habe ich auch eine reizvolle, sehr intensive Prüfung erlebt. Systematische Pädagogik dagegen war ein Reizwort, die Ausstrahlung Rhetorik. Auch das wissenschaftliche Anspruchsniveau eines Prof. Müller etwa, er muß vor 33 Reformpädagoge gewesen sein, sicher Antifaschist, *kaum* Wissenschaftler, trieb mich in andere Vorlesungen. *Ihm* verdanke ich, daß ich mir vormittags im „Casino" manchen guten Film ansehen konnte.

Leider war auch die Methodikausbildung nicht besonders einprägsam, wenn ich von dem Orthographieexperten Prof. Riehme absehe; ich denke das aber später nachgeholt zu haben. Damals ließen wir uns von Leuten wie Dornseiff oder Mayer nur *allzu-*

gerne einreden, daß zuallererst die Fachwissenschaft zähle. Das war sicher überzogen, aber später war ich zuweilen dankbar dafür, dann nämlich, wenn ich Studenten erlebte, die zwar Stundenvorbereitungen im Format einer Landkarte in x Spalten anlegen konnten, aber wenn ein Schüler nach einem Satzglied oder einem Fachbegriff fragte...

Wann hast du dieses Studium abgeschlossen?

Im Sommer 1960, mit einer Arbeit über das mittellateinische Waltharilied. Damals hieß das noch „Staatsexamen für das Lehramt an der zwölfklassigen Oberschule". Kompatibel für die Schule, die wir nun wieder aufbauen wollen. Examen machte ich bei Prof. Dornseiff. Auf Grund der kleinen Seminargruppe – ich allein nämlich – hatte ich vor allem im letzten Jahr engen Kontakt zu ihm. Er starb 1960. Zu den Bestattungsfeierlichkeiten durfte ich als Student sprechen.

Weiße Fahnen und Kaugummi

Geboren bin ich in einem kleinen vogtländischen Städtchen, Mylau, nicht weit von Reichenbach. Aufgewachsen in einer Arbeiterfamilie, wo im Grunde ein Studium, noch dazu ein geisteswissenschaftliches, also nichts, was in irgendeiner Weise handgreiflich war, nicht sehr respektierlich sein konnte.

Dein Vater war Bergmann.

Er war 10 Jahre bei der Wismut; die längste Zeit seines Lebens aber hat er bei der Eisenbahn in verschiedenen Berufen gearbeitet. Und der Sohn sollte schon studieren... Förster, Geometer, Geologe. Ich hatte drei Geschwister, war der Älteste. Zwei Brüder, drei Jahre jünger, sechs Jahre jünger. Und eine Schwester, die ich ausfahren sollte, da war ich 13!, eine Sache, unter der unser Verhältnis heute noch leidet. Eine Zumutung, wenn Fußball angesagt war!

Meine Mutter, die hatte es auch nicht leicht. Sie selbst war unter ärmlichen Verhältnissen aufgewachsen; fünf Kinder, die Eltern geschieden, die Mutter Textilarbeiterin. 50 Jahre in der gleichen Bude. Natürlich konnte meine Mutter keinen Beruf erlernen, schon als Kind Aufwartung bei Geschäftsleuten. Später arbeitete auch sie – als Angelernte in Textilbetrieben. Solche Kindheit, solch ein Leben macht hart – Zärtlichkeit, Ruhe, das kannte ich nicht. Arbeit zählte, Fleiß. Und: Ein deutscher Junge weint nicht. Sparsamkeit, genaues Rechnen und ein Kult körperlich schwerer Arbeit, das waren Grunderfahrungen für mich.

Wie war das bei euch mit Büchern?

So gut wie keine, wozu auch? Und als ich dann Schüler der Oberschule war, der Vater arbeitete schwer, die Mutter mit vier Kindern, der Haushalt ohne tolle Geräte – da konnte es schon passieren, nein, geschah nicht selten, daß ich, mit einem Buch in einer Ecke sitzend, angerempelt wurde: Ich könne ja auch mal was tun, arbeiten. Scheuerbürste, Beil, der Handwagen…, *das* war Arbeit – Lesen, Schreiben und derlei gewiß nicht.

Natürlich war's auch Notzeit, körperliche Arbeit zum Überleben notwendig!

Klar. Ich denke, daß ich auch davon geprägt wurde. Als der Älteste habe ich Ährenlesen, Kartoffeln holen, Holz heranschaffen und vieles in der Art aus erster Hand gehabt. Ich gebe zu, daß ich später manchmal, meinen Kindern gegenüber, zuweilen in der Schule, damit prahlte, wie gut ich damit zurechtgekommen war, wieviel auch das für mich zählte. Achtung vor jeder körperlichen Arbeit und vielleicht ein gewisser Hang dazu sind mir wohl daher bis heute geblieben.

1945, als der Krieg zu Ende ging, warst du 9 Jahre. Hast du daran Erinnerungen?

Vom Krieg hatte ich bis zuletzt andere Vorstellungen, erinnere andere Bilder, als ich sie dann später aus Filmen und Büchern gewann. Krieg kam natürlich in den Gesprächen der Leute vor, mein Vater war nicht zu Hause, sondern als Eisenbahner in Frankreich, zuletzt in Süddeutschland; aber in der Kleinstadt in unbedeutender Landschaft hat der Krieg sich nicht unmittelbar ausgewirkt. Zwei Luftangriffe auf die Kreisstadt Reichenbach, wie irrtümlich wirkend, sah ich aus der Ferne, mehr interessiert als erschreckt. Dann, als die Amerikaner mit ihren Jeeps in die Stadt einfuhren, saß ich wie die meisten im Bunker unter der Burg. Deutlicher sind die Erinnerungen an die Nachkriegszeit.

1945 kam mein Vater aus Heidelberg nach Hause, in der Eisen-
bahneruniform. Für einen Tag wurde er abgeholt. Gegenüber-
stellungen bewiesen, daß er tatsächlich nie als SS-Mann in
Erscheinung getreten war. Für mich freilich war er einer: An den
Ahnenpaß, der für mich als Stammhalter angelegt worden war,
kann ich mich noch erinnern, ich sehe ihn noch deutlich.

Entnazifizierung, der Vater kam also gleich wieder nach
Hause. Allerdings mußten wir binnen 24 Stunden unsere Wohnung räumen und in eine Bodenkammer mit Wohnküche ziehen,
fünf Personen. Bei der Bahn mußte er auch aufhören und wurde
verpflichtet, in einer Eisengießerei als Hilfsarbeiter zu beginnen.
Zu spüren war oft das schlechte Gewissen, man hatte dazugehört,
auch wenn man's später verwünschte. Die Schufterei, unfreiwil-
lige Arbeiten, mehrere Umzüge usw. wurden als Preis für Mitmachen verstanden. Fazit: eine gewisse Distanz zu allem Politischen, gegenüber allen Organisationen. Die Bindung ans
Christentum kam ja erst später, bis 45 waren wir Söhne nicht
getauft. 1947 aber wurde mein jüngster Bruder in einen schweren
Verkehrsunfall verwickelt, er lag mit kompliziertem Schädel-
bruch wochenlang ohne Bewußtsein. Da haben Prediger der
Methodistenkirche meine Eltern überredet, den Sohn, mit dessen
Sterben man täglich rechnete, wenigstens nottaufen zu lassen. Da
sie anderes nicht tun konnten, taten sie in ihrer Hilflosigkeit
wenigstens dies. Wider alle Erwartung und ärztliche Auskunft
überlebte er, erholte sich allmählich. Und plötzlich waren wir alle
christlich, die Eltern sind noch heute sehr engagiert, und ich
bewundere die Tiefe ihrer Überzeugungen. Die Methodistenkirche wurde ihr geistiges Zuhause.

*Mir scheint, daß oft, auch jetzt, bei Brüchen, Krisen eine
gewisse Bereitschaft für Religiöses zu beobachten ist, Macht-
wechsel, Verluste vielleicht..., und dann die alten Religionen eine
Art Heimat?*

Das mag sein. Bei uns aber war es dieses sehr persönliche
Erlebnis, die wunderbare Heilung sozusagen. Ich schätze meine
Eltern vor allen wegen ihres Fleißes, ihrer Arbeit; besondere Bil-
dung besaßen sie nicht. Boden für das Wunder?

*Du sprachst von der Rolle des Glaubens, von Distanz zum
neuen Staat; spielte es dabei auch eine Rolle, daß man sich vor*

1945 einer Macht, wie sie Hitler verkörperte, angeschlossen hatte?

Gespräche zur Vergangenheit sind bei uns lange sehr kompliziert gewesen. Mein Vater war ja Mitglied der NSDAP gewesen, sogar der SS. Er sprach nicht gern davon, man mußte schon eine günstige Gelegenheit abpassen. Ich glaube, ich habe ihn oft gequält. Aus Gesprächen mit ihm erfuhr ich nach und nach, nicht mit einem Mal, daß er zu Beginn der Nazizeit wie viele arbeitslos war, jung, kräftig, mittellos. Die Eisenbahn, wo er als Streckenarbeiter anfangen konnte, wollte ihn nur nehmen, wenn er Mitglied der NSDAP würde. Dann redeten ihn Kameraden in die SS – Bilder von ihm und seinen Brüdern zeigen vier blonde Ringerfiguren wie aus dem Lehrbuch –, dort gäbe es Kameradschaft, gemeinsamen Sport usw. Deutsche Kleinbürgeridylle, Korpsgeist, kaum politisches Begreifen.

Im Spätsommer 1945 kam die Rote Armee, Pferdefuhrwerke, keine Kampftruppen. Mir wollte nicht in den Kopf, daß manche Leute sie als *Freunde* begrüßten, ihnen zujubelten. Heute entsetzt mich das, wenn ich bedenke, daß sich ja der politische Mensch Gerhard Hieke damals entwickelte. Diese Überlegungen habe ich auch in meiner Arbeit schon oft verwendet, denn warum sollte ich mich vor Jugendlichen anders darstellen, Entwicklungen vereinfachen?: Hätte jenes III. Reich noch ein, zwei Jahre länger gedauert, wäre ich wohl auch noch ein begeisterter Pimpf geworden; ein, zwei Jahre lang habe ich mich noch mit jedem geschlagen, der die Russen als Befreier, als Freunde bezeichnete. Nationalgefühl hätte ich's damals genannt, schließlich hatten wir nur den Krieg verloren ...

Politisches hatte bei uns nie eine große Rolle gespielt, der Vater war selten da, die Mutter hatte mit den Kindern andere Sorgen. Es muß Atmosphärisches gewesen sein, was auf mich gewirkt hat: die Pimpfe in der Kleinstadt, wo man fast jeden kannte, die Größeren bestaunte, auch beneidete, ihre Geländespiele, das Fahrtenmesser, Uniformen, die Geheimniskrämerei, ihr schneidiges Auftreten ... Jedenfalls gab es für mich schon als Kind Identifikation, auch wenn ich's heute gern anders wüßte.

Und du hattest dann das Gefühl von Bruch, Niederlage, gar Verrat. Gewiß soll man im Nachhinein in die Gefühle des Kindes nicht zuviel hineininterpretieren, aber es wird schon so etwas gewesen sein; vielleicht auch das Gefühl für Falschheit im Jubel?

24

Ja, und ich habe bei ähnlichen und doch ganz anderen Brüchen in der Geschichte oft gerade daran gedacht, es hat mich sehr beschäftigt. Geradezu automatisch erinnerte ich's, wenn Leute in Konflikten so rasch die Kurve kriegen konnten. Dann stellten sich die Bilder von ganz bestimmten Leuten aus meiner Heimatstadt ein: Im Frühjahr 45 noch mit den verschiedensten Uniformen und Parolen, dann die bewundernden Blicke auf die Schwarzen in ihren Jeeps, weiße Fahnen und Kaugummi, wenig später freundlich winkend neben den russischen Panjewagen. Dafür war ich zu schwerfällig, zu stur.

So eng waren die Grenzen nicht

Meine erste Schule war, durch staatliche Vermittlung, gegen meinen Willen, in Altenberg im Erzgebirge, eine kleine Internatsoberschule, viel Latein, zwei Deutschklassen. Die Arbeit machte mir vom ersten Tag an sehr viel Freude. Ich bekam schnell mit, daß ich bei den Schülern ankam; was ich wollte, was mir wichtig war, fand Anklang. Als ich nach einem Jahr aus gesundheitlichen Gründen Versetzung beantragte, mein Asthma, die Luft dort, da versuchten Kollegen und Schüler, die ganze Abteilung mich zu halten. Nicht der Direktor, nicht der Parteisekretär; die sind mir in unguter Erinnerung, die brachten diese besondere Art von Dummheit mit – credo, quia absurdum est* –, die mir im Bereich Volksbildung später noch oft begegnet ist, dummgeschult. Daß sie mich für gefährlich hielten, schon dieser „katholischen Sprache" (Latein) wegen, amüsierte mich ja noch; aber vielleicht haben mich schon deren Beurteilungen nach Reichenbach begleitet, an meine alte Schule, wer weiß.

In Reichenbach wohnte ja auch meine Frau, wir hatten 1960 geheiratet. Zwei Jahre gab ich an der EOS** Latein, an einer Nachbarschule Deutsch, auch Russisch, Geschichte, sogar Musik – dank eines Plattenspielers. Aber nach zwei Jahren wurde mir eröffnet, ich solle von nun an *nur* noch an der POS*** unterrich-

---

* Ich glaube, weil es absurd ist.
** EOS – Erweiterte Oberschule, Abschluß: Abitur.
***POS – Polytechnische Oberschule, Abschluß: Mittlere Reife.

ten. Für die EOS hatte man vom Studium weg einen neuen Lateiner engagiert. Eine Begründung gab es zunächst nicht. Aber eine amüsante Geschichte als Folge: Gegen Schuljahresende sprach ich von meinem Weggang. Wenig später wurde ich durch eine Schülerin zum Augenarzt dieser Stadt eingeladen, einem Dr. Lindenlaub. Der sagte mir, *wie* glücklich er gewesen sei, daß seine Kinder endlich ordentlich Latein hätten usw., und fragte, ob ich denn *wirklich* wieder gehen wolle. Ich verneinte und erklärte, daß ich selbst die Gründe nicht wüßte, weshalb ich gehen solle. Darauf wollte er mein Einverständnis dazu, daß er sich um mein Bleiben bemühe. Ich hatte wenig Hoffnung, aber tatsächlich, der brachte es fertig – Ärzte waren damals sehr knapp, Augenärzte zumal –, daß ich schon 14 Tage später zur Schulrätin bestellt wurde und feierlich erklärt bekam: Ab 1.9.1963 sei meine Arbeitsstelle ausschließlich die EOS. Latein und Deutsch. Später hörte ich dann, daß man den *Christen* nicht hatte haben wollen. Man hatte ja nicht wissen müssen, daß der im Streit mit der Familie die Kirche verlassen hatte. Im Musikunterricht hatte er das Weihnachtsoratorium vorgespielt, die Weihnachtsgeschichte erzählt, ein Ketzer also auf alle Fälle!

Aber der wirkliche Grund war doch wohl die linke Opposition, die du schon lebtest?

Sicher; aber offen und sichtbar spielte er eben noch keine Rolle.

Ich war jedenfalls überglücklich und stürzte mich mit ungeheurem Elan in die verschiedenen Aufgaben, das kann ich nicht anders sagen. Deutsch, Latein, alle möglichen zusätzlichen Veranstaltungen und Vorhaben in Literatur. Und als Klassenlehrer einer 11 unternahm ich mit meinen Schülern wirklich die verrücktesten Dinge, war einfach engagiert, mit Herz und Seele dabei. Zum Beispiel Ausflüge an den Wochenenden, in den Ferien mit dem Fahrrad vom Vogtland an die Ostsee und zurück… Andere Lehrer sagten: bescheuert, sich *so* auf Schüler einzulassen.

Aber es gab eben auch jene andere Erfahrung. Jahrelang war ich von allen Seiten, sogar von Leuten, die mir eher mißgünstig waren, gelobt worden, oft nachgeahmt. Jedes Jahr eine „Auszeichnung", auch wenn das damals in der Regel eine Buchprämie mit schriftlicher Belobigung war, 100 Mark gingen schon über den Schulrat. Dann die „Medaille für ausgezeichnete Leistungen".

Alles wortreich, mitunter geradezu peinlich. So hatte ich lange Zeit an dieser Schule ein Gefühl von Sicherheit; wenn ich auch in alle bereitgestellten Fettnäpfchen trat, war das für mich amüsant und nur für andere ärgerlich. Kein Gefühl von Bedrohung, ich sah keine Gefährdung meines Weges. Offenkundig schätzte ich die Bedeutung der diversen Aussprachen, auch die Ecke, aus der die Angriffe kamen, falsch und völlig naiv ein. Ich sah darin lediglich die Gegenwehr von Leuten, die ich belächelte, Abwehrhaltung gegen einen, der eigenwillige, unkonventionelle Ansichten hat und so arbeitet, noch dazu erfolgreich. Ich ließ mich davon blenden, daß meine fachliche, meine pädagogische Arbeit fortwährend gelobt wurde.

Als ich an die Schule kam, übernahm Direktor Uebel das Amt, nachdem die Kadettenschule in Naumburg aufgelöst worden war. Er war in Naumburg Fachgruppenleiter gewesen und ich glaube, auch stellvertretender Direktor.

Mit einem militärischen Dienstgrad?

Ja, sicher, später wurde er Major; ich erinnere mich an seinen Stolz, als er irgendeinen Ehrendolch zur Offiziersuniform bekam. Er soll am Kriegsende Fähnrich gewesen sein, jedenfalls kannte er Wehrmacht noch. Und nun Direktor an der EOS, und gewiß nicht zufällig. Wir schrieben das Jahr 1961; über Militarisierung muß ich nichts sagen.

Übrigens war er ein Mann, den ich damals in manchem anders sah als später, gar heute. Sicher hatte er für mich viel Abstoßendes an sich; er, der preußisch-sozialistische Offizier, und ich, Individualist mit all meinem Eigensinn. Vieles in der Erziehung war für ihn Schema, Normierung, Dressurakt. Das betraf geistige Arbeit, etwa die geforderte sklavische Nachahmung seines Arbeitsstils, bis hin zur Farbe von Unterstreichungen, aber erst recht diese dir bekannten Veranstaltungen, etwa die Marschübungen vor dem 1. Mai und ähnliches, das Militärische halt.

Andererseits sagte es mir zu, daß er den Arbeitsablauf an dieser Schule straff organisierte, Ordnung, Sauberkeit, Pünktlichkeit verlangte. Termintreue, Korrektur von Arbeiten in vertretbaren Zeiträumen, eine gewisse Verantwortung der Schüler für ihren Arbeitsplatz... Solche Forderungen waren mir sympathisch, da stand ich an seiner Seite. Manches wurde von Kollegen recht großzügig gehandhabt. Jeder Klassen- und Fachlehrer mußte

27

stets zu präzisen, belegbaren Auskünften über seine Arbeit und deren Ergebnisse in der Lage sein; wem das nicht gelang, der hatte es nicht leicht, der bekam keine Ruhe.

Wenn ich ihn heute vorwiegend negativ sehe, dann spielen da natürlich spätere Erfahrungen mit ihm eine Rolle. Zunächst war meine Einstellung so zwiespältig, wie ich's zu erklären versuchte. Immerhin durfte, sollte ich sogar auf seine Veranlassung in einer Reihe von Veranstaltungen meine Vorstellungen zur Führung des Erkenntnisprozesses, zu Fragen der Erkenntnistheorie, zur Logik, zum Verhältnis von Denk- und Spracherziehung darlegen. In gewisser Weise hat er immer wieder meinen Umgang mit Schülern und das Niveau des Unterrichts und meiner Forderungen als beispielhaft hingestellt. Du wirst dich erinnern, daß wir damals, wie einige andere Schulen auch, aufwendige Versuche mit besonderen Formen hochschulvorbereitenden Unterrichts durchführten, mit Vorlesungen, Seminaren u.ä. in den Klassen 11 und 12. Uebel gab mir oft das Gefühl , ich sei für ihn ein unverzichtbarer Helfer. Ich erinnere mich an viele Gespräche unter vier Augen zu Problemen bei dieser Arbeit, bei denen meine Ansichten wichtig schienen. Klar hat mich das positiv beeindruckt.

Und in politischer Hinsicht, wie lief es da? Mauerbau, 11. Plenum usw. Wie machten sich Partei, der du ja nicht angehörtest, und Sicherheitsapparat bemerkbar?

Du weißt vielleicht, daß alle Lehrer am Parteilehrjahr der SED teilnehmen mußten (Ausnahme: Blockfreunde, die in ihrer Blockpartei nachweislich geschult wurden!). Da und auch in anderen Versammlungen und Beratungen traten schon oft Leute von der Kreisleitung der SED auf, Sekretariatsmitglieder usw. Leute, die eigene Meinungen vertraten – zu denen gehörte ich entschieden –, gerieten nicht selten in heftige Debatten, vor allem mit bornierten Funktionären der Schule. Ich glaubte zuweilen zu bemerken, daß es interne Konfrontationen gab, z.B. zwischen Uebel und seinem Stellvertreter Kießling, dessen Unbildung und geistige Grenzen ich belächelte. Dieser Eindruck verstärkte sich dadurch, daß all die Aussprachen, die dann später mit mir geführt wurden, in den Händen *anderer* lagen, nicht von Uebel geleitet wurden. War's Zufall, daß er immer gerade dann wegen seiner Promotion unterwegs war oder anderweitig unabkömmlich?

War's Absicht? Ich weiß es nicht. Aber es war *immer* so, und ich erinnere mich an manche inquisitorische Aussprache, z.B. nach einer Rede zum 7. Oktober, in der ich über die Idee der res publica philosophiert hatte, oder wegen Äußerungen im Unterricht usw. Da war Rammler, der Parteisekretär der Schule, Kießling, der stellvertretende Direktor, bei dem ich damals schon an Stasi dachte, selbst Liedtke, unser Lateiner, und die seltsame Figur jenes Dr. Börner... Alles jüngere Leute. Und Uebel spielte, zumindest scheinbar, dabei keine Rolle.

Es war wohl damals und auch später so, daß Direktoren von Schulen nicht die direkten inoffiziellen Stasileute waren, sondern ganz offiziell Berichte zu liefern hatten, um eine gewisse Trennung zwischen der Schule und diesem besonderen „Organ" vorzutäuschen. Und andere Personen, fungierten als „Sicherheitsbeauftragte". Die Partei nahm natürlich sowieso Einfluß, aber das weißt du ja.

Für mich kam Konfrontation nicht ständig, sozusagen im Alltag, sondern immer wieder in besonderen Ereignissen, in zugespitzten Situationen zum Vorschein. Einige haben sich tief eingeprägt, etwa 1961, als ich gerade nach Reichenbach gekommen war. Ich war damals 25. Nach dem 13. August, also gleich zu Beginn des Schuljahres, wurden alle jungen Lehrer aufgerufen, sich freiwillig zu den *bewaffneten Organen*, das hieß ja wirklich so, zu melden. Für mich kam das nicht in Frage, in Diskussionen führte ich, was ich sonst eigentlich nie tue, mein Asthma ins Feld. Da mußte ich mir sagen lassen, bewußte Sozialisten würden ganz andere Dinge vergessen, sogar einer mit nur einem Bein habe zumindest seine Bereitschaft bekundet. Verpflichtung und Bekenntnis seien wichtig, das andere kläre dann schon die Partei. Der ich übrigens immer noch nicht angehörte.

Oder ich denke daran, daß wir in unseren Klassen die Unterschriften aller Schüler einholen sollten: Sendungen des Klassenfeinds würden sie weder hören noch sehen. Mich machte es sehr betroffen, daß meine guten Worte für drei Schüler, die nicht unterschreiben wollten, auf eisige Ablehnung stießen. Ich hatte gerade ihre Ehrlichkeit gelobt. In solchen Situationen spürte man sofort Bedrohung.

Ansonsten war da eher ein Verdacht, eine Ahnung, daß man zwar bestimmte Dinge besser nicht tut oder sagt, um Ärger zu vermeiden, aber so eng, wie heute manche sagen, waren die Grenzen nicht, es sei denn in einem selbst. Diese Grenzen zu erkennen war sehr wichtig. Ich hatte nicht ständig das Gefühl des Tanzes auf dem Eis. Das mag eine Frage des Naturells sein, nicht nur der politischen Situation, so bedrückend die auch war. Ich erinnere Kollegen, die unter vier Augen, bei einem Glas Bier beispielsweise schon mal davon sprachen, daß sie ständig in dem Gefühl lebten, das Ende drohe täglich. Mit diesem Gefühl wußten die Herrschenden zu operieren. Ein Beispiel, das man nun schon kaum noch glaubt: Dein Klassenlehrer an dieser Schule wurde anläßlich irgendeiner sowjetischen Weltraumsensation zu einem Interview für die Kreiszeitung der Partei veranlaßt; die Begeisterung des Physikers war gefragt, er tat sie kund. Das Interview erschien, es endete mit seinem Bekenntnis, daß er anläßlich dieser sozialistischen Großtat den Wunsch verspüre, nun auch Genosse der SED zu werden. Im Vertrauen erzählte er mir, daß er das gar nicht gesagt habe; wir debattierten, was nun zu tun sei. Ratlos gingen wir auseinander. Tage später wurde der neue Kandidat feierlich in den Schoß der Gemeinschaft aufgenommen.

Bei mir war da immer noch ein gewisser jugendlicher Optimismus: Wenn man seinen Kopf nur entschieden genug aufsetzt und der Angst nicht nachgibt, dann wird es nicht so schlimm kommen! Seltsam, gerade bei meinen Erfahrungen. Erklären kann ich's nicht.

Planziel: Kaderschmiede

Was wuchsen da für Lehrer heran in diesen 50er, 60er Jahren? Was war das für eine Schule, in dieser DDR?

Ich denke, das muß man sehr differenziert betrachten, voreilige Verallgemeinerungen gibt es schon genug. Ich selbst hatte Glück: Ich studierte in Leipzig, mit Freunden, und vor allem bei Lehrern, die gewiß nicht die DDR Ende der 50er Jahre repräsentierten. Bloch, Mayer, Dornseiff u.a. waren noch geduldet, weil sie international bedeutende Persönlichkeiten waren. Deshalb und auch auf Grund ihrer antifaschistischen Vergangenheit wurden sie nur allmählich und mit einiger Vorsicht angegangen.

Sicher gab es ihnen gegenüber längst großes Unbehagen, bald mehr, bald weniger verdeckt, aber für uns waren *sie prägend*. Als sie dann zu Unpersonen wurden, angefangen mit dem Vorlesungsverbot für Bloch, später mit seinem provozierten Weggang, steigerte das ihr Ansehen nur noch, jedenfalls in unseren Augen.

Viele pädagogische Hochschulen und Institute aber, die ja in dieser Zeit an Bedeutung und Umfang stark zunahmen, waren bestimmt ein ganz anderer Nährboden für künftige Lehrer. Dort lehrte eine andere Generation, Leute mit anderem Hintergrund, oft schon mit Parteikarrieren, *DDR-Gewächse*, keine *Europäer* wie die Genannten. Dort verdrängte Verschulung der Ausbildung den Gedanken der *universitas litterarum* – das heißt, eigentlich war da gar nichts zu verdrängen. In viele Wissenschaften, natürlich vor allem die geisteswissenschaftlichen Bereiche, zog ein erschreckender Provinzialismus ein. Ich lernte viele Kollegen kennen, Abgänger von Potsdam, PH Leipzig, Erfurt, Zwickau etc., die ganz auf Linientreue ausgerichtet waren, denen vielleicht von vornherein auch deutlicher bewußt war, wie eng der Spielraum ist, den man als Lehrer hat. Und das war etwas, was ich nicht gelernt hatte. Leider muß ich auch sagen, selbst wenn es überheblich klingt, daß mir immer häufiger Absolventen solcher Einrichtungen begegneten, die von europäischen Erscheinungen unseres Jahrhunderts nie gehört hatten. Ich meine etwa Bloch und Sartre, Fromm und Buber, Musil, Kafka, Gide, Plivier u.v.a. Und was ich in zahllosen Veranstaltungen des Parteilehrjahrs über 30 Jahre hinweg an philosophischer Un- und Halbbildung erlebt habe, nicht zuletzt bei Referenten und Staatsbürgerkundelehrern, die ja das Wort Philosophie immer im Munde führten, das hat schon mit unserem Abgleiten in finsteren Provinzialismus zu tun.

Freilich, wenn ich dann noch den Weg bedenke: oft schon die Auswahl zur EOS, dann zum Studium. Und wer kam dann als Lehrer zur EOS? Da wurde doch gesiebt, politisch, nach Herkunft im weitesten Sinne, Wehrdienstverpflichtung usw. Wenn du all die Jahre bedenkst, die Schulen, an denen du warst: Welchen Lehrern begegnete der Schüler, ich beispielsweise damals?

Gewiß nicht *dem* Lehrer, einer komplizierten Mischung eher, aber das ist Schule wohl immer. Versuche ich meine Beobachtungen trotzdem zu systematisieren, mit aller Vorsicht, dann komme ich zum einen auf die ausgemachten Parteikader, die Wortführer an den Schulen, wie in Reichenbach Kießling, Rammler, Dr. Börner...

Deren Weg war auch nicht einheitlich, aber das war schon sozialistische Elite. Der *glatte* Weg – EOS, Deutschlandtreffen und so, FDJ-Funktionäre, vorbildliche FDJ-Studenten, von der PH zur EOS, oder von anderen Einrichtungen delegiert, Parteiauftrag. Delegierung zur Aspirantur, jener genannte Doktor, der auf die *Anrede* so großen Wert legte, weil man's anders nicht gemerkt hätte. Dazu die Neulehrer, Parteiaktivisten wie Uebel, eifrige und ehrliche Leute wie Buchta, unverschuldet halbgebildet, tragische Figuren in einer EOS, weil ohne solide Allgemeinbildung. Denen hatte die Partei gesagt, daß sie genau die Richtigen sind. Planziel: Kaderschmiede EOS. Das war eine hervorstechende Gruppe.

Aber da gab es zum anderen ja auch jene Generation: Leute, die vom Abitur weg zu Sprachlehrern geworden waren und sich mit ungeheurem Eifer ins Fernstudium gestürzt hatten, Kittelmann, Dr. Hochmuth, Lasetzky u.a. Hervorragende Fachleute, ausgezeichnete Methodiker, nette Kollegen; politisch abgesichert in Blockparteien als dem kleineren Übel. Da sie beargwöhnt wurden, so erlebte ich es, fiel ihr öffentliches Bekenntnis in Bewährungssituationen oft viel kräftiger aus als das der Genossen – sie hatten ja ein Manko auszugleichen. Die hatten die Unterschriften der Schüler, z.B. zum Westfernsehen, als erste. Und sie bekamen die Unterschriften *immer*, vielleicht gerade darum, weil *sie* sie verlangt hatten. Wir haben's doch beide erlebt, wie man unter vier Augen sagte: Sei doch nicht dumm, du schadest nur dir und mir auch, unterschreibe einfach, tue das und das... So verringerte man *auch* Gefährdung; sie lebten gewissermaßen ständig vorbeugend. Diese Gruppe hätte überall arbeiten können. Und obwohl ich mich mit diesen Kollegen insgesamt gut verstand, war das für mich zuweilen ein Streitpunkt. Das hat mit meinen linken Anschauungen zu tun. Ich war der Meinung, daß ihr Unterricht *zu* austauschbar war, reibungslos nach Hamburg, München und so verpflanzbar. Mein Verständnis von Unterricht, *politischer* Erziehung war damals anders, stark vom Studium geprägt, von den Leuten, über die wir gesprochen haben: Leidenschaftlich antifaschistisch; radikales Anrennen gegen das Verkommen des Antifaschismus zu Losungen. Leute attackieren, die ihre Vergangenheit nicht ehrlich verarbeitet hatten. Eigene Anfälligkeiten erkennen. Die Überzeugung, die Gesellschaft ändern zu müssen, junge Menschen dafür gewinnen zu müssen, mit ihnen immer wieder gegen Tabus anzurennen, demokratische Verhältnisse durch hemmungslose Inanspruchnahme von Demokratie befördern zu können. Für einen meines Alters war ich vielleicht damals schrecklich naiv, gar nicht pragmatisch. Und hätte doch längst begreifen müssen, daß das *so nicht* funktioniert.

Aber meine Überzeugung war einfach: Wenn ich erreiche, daß Kollegen und Schüler in meinem Umfeld das, was sie glauben und hinter vorgehaltener Hand auch sagen, bei Auseinandersetzungen im Unterricht, in Versammlungen und dergleichen entschieden und mutig vertreten, statt immer ängstlich das Gewünschte zu sagen, dann könnten viele Verkrustungen und Lügen dieser Gesellschaft überwunden werden. Das meine ich mit Naivität.

Und die hat ja Leute wie mich wiederum geprägt; und wenn wir etwas unbescheiden sind, so hat sie mitgeholfen, mit anderen wichtigen Faktoren, eine Diktatur zu kippen.

Noch einmal zum Linksbegriff, der ja gewiß nicht von der Partei her kam, schon gar nicht von der Volkskammer. Du sagtest, einige Lehrer hätten auch in Hamburg unterrichten können, du bezogst Gegenposition. Aber jetzt kann man doch fast erleichtert sein, wenn man das hört. Wie dachtest du damals, also 64/65, über Ost und West, Bundesrepublik und DDR?

Manches von dem, was ich damals dachte, begreife ich selbst nicht mehr recht. So vieles ich auch in diesem Staat ablehnte als verkrustet, verlogen, dümmlich, war ich doch überzeugt davon, daß *hier* etwas Neues, Wichtiges begonnen hätte: ein Fundament für noch längst nicht ausgeschöpfte Möglichkeiten, das *noch* total verzerrte Utopia. Der Weg in jene andere deutsche Republik war mir ein Weg *zurück*, also *keiner*. Ich konnte und wollte nicht einen Deutschland- und Kulturbegriff konservieren, den eben diese Kollegen vertraten. Noch mehr freilich lehnte ich jene forschen Erbauer einer neuen Gesellschaft ab, die sich über Realität und Traum keine Gedanken mehr machten. Mein Antrieb war: Junge Menschen gewinnen, begeistern, damit sie die noch versteckten Möglichkeiten der kaum begonnenen neuen Gesellschaft mit Ehrlichkeit, Mut, Leidenschaft ausschöpfen wollen.

Utopia, Prinzip Hoffnung, *das* trieb mich um. *Unsere* Begegnung hatte ja auch damit zu tun. Immer war ich auf der Suche nach jungen Leuten, die nicht zuallererst danach fragten, *was* sie in diesem Staat werden könnten und *wie* sie das anstellen müßten. Die ihre Möglichkeiten auszuloten suchten und im neuen Staat das suchten und wollten, was geschichtlich gemeint sein mußte.

Das war also auch eine historische Auseinandersetzung mit jenem anderen Staat, den du aber gar nicht kanntest?

Wie kamst du damit zurecht, den anderen Staat nicht zu kennen, dieses Deutschland nicht wahrnehmen zu können, wo du doch sonst *so auf konkrete Bezüge aus warst?*

Das muß ich *zeitlich* differenzieren. Wichtig wurde mir dieser andere Staat 1968, da war ich begierig auf alle Informationen. Das „Tagebuch" aus Wien war regelmäßige Lektüre, du hast es damals bei mir kennengelernt. Das lieferte wichtiges Material über Stalinismus, Lagerliteratur und immer wieder Prager Frühling, Autoren aus Österreich, der BRD. In der Rückkopplung, aus dem Interesse für die Entwicklung in der CSSR und die Vorgänge in der SU, wollte ich mehr wissen über deutsche Autoren, deren Standpunkte ich teilte, und über das Land, in dem sie lebten und ihre Ansichten publizieren konnten: Walter Jens etwa, Peter Weiss, Heinrich Böll, Rolf Hochhuth… Wie war dieser Staat *wirklich*, *was* an meinem Bild von ihm war falsch?

Vordem, also 1964/65, wirkte nach, so glaube ich heute, daß ich den 13.8.61 zwar nicht wie in offiziellen Verlautbarungen bejaht habe, aber ich hatte ihn doch als irgendwie notwendigen Schritt akzeptiert. Und die Emotionen waren in einer abgelegenen Ecke wie dem Vogtland sicher anders als in Berlin. Wer das gesellschaftliche Experiment Sozialismus überhaupt begrüßt hatte und noch immer für hoffnungsvoll hielt, wie ich damals, der sah nun, unter Laborbedingungen, auch gewisse Fortschritte, Konsolidierung; und war bereit, für eine gewisse Übergangszeit widerwärtige Notwendigkeiten in Kauf zu nehmen. Und sicher spielte es eine Rolle, daß ich bestimmte Meldungen – Politiker mit Nazivergangenheit, Nazirichter, Lehrer wie SS-Mann Otto u.ä. – für das Wesentliche hielt, den Staat *daran* maß und verurteilte; nenn es meinethalben politische Dummheit, Vorurteile, es *spielte* eine Rolle.

Aber gerade du hattest an der Universität noch Kontinuität

deutscher Kultur erlebt, europäische Tradition. Wie konntest du,
der sich auch mit jener eher konservativen Lehrerin gut verstan-
den hat, die sich übrigens nach deinem Weggang als einzige wei-
ter positiv über dich geäußert hat, wie konntest du so aggressiv
über diesen anderen Staat urteilen?

Sicher schwer zu begreifen, nicht nur für dich. Sicher hat es
auch mit Literatur zu tun, mit meiner zuzeiten übersteigerten
Brecht-Begeisterung, mit gewissen linksradikalen Tendenzen.
Aufsparen bestimmter kultureller Traditionen für die Zeit, wenn
politische *Grundfragen* geklärt sein werden. Auch die Reklama-
tion von Tradition für *uns* war im Spiele – Humanismus und
Revolution. Brechts: „... doch die Verhältnisse, sie sind nicht
so". Die Priorität geänderter Verhältnisse also. Da ich mich
zudem um Präzision, Exaktheit, wirkliche Beweise mühte, tat ich
mir etwas darauf zugute, *pauschale* Urteile und Verurteilungen
nicht mitzumachen, auch nicht im Unterricht. Ich sammelte
durchaus Fakten, wenn auch selektiv, beeinflußt von meinem
Weltbild. Unterm Strich bleibt trotzdem: Ich glaubte, das Wesen
der BRD begriffen zu haben – und kannte sie einfach nicht,
wußte vieles nicht.

Da gibt es Gemeinsamkeiten mit Haltungen von Wolf Bier-
mann, wie er sie später beschrieb. Du in diese Landschaft gebo-
ren – er freiwillig in die DDR, aus Hamburg kommend, Vater in
Auschwitz umgekommen. Erlebnis des Mauerbaus: „Die Mauer
steht, na grade die, 's konnt wohl nicht anders sein..." So ähn-
lich. Aber auch: „Die Erbauer mauern sich in Wandlitz selber
ein, doppelt ein." Dieses Wandlitz war sein Angriffspunkt, diese
verkommene Art des Neuen. Aber bei dir wie bei ihm die Hal-
tung, daß die humanistische Tradition versagt hat, als die Faschi-
sten Teile davon benutzten. Die Erinnerung an faschistische Leh-
rer, die dann mit Gruß an die Front verabschiedet wurden.

Etwas sehr Wichtiges. Weißt du, als wir uns kennenlernten,
heute auch noch übrigens, mußte ich eins im Unterricht immer
loswerden, weil es mich nicht losläßt: Daß nämlich SS-Offiziere,
wie der Heydrich in Prag etwa, ihren Goethe gut kannten, „Edel
sei der Mensch...", Beethoven selbst spielten; aber Kenntnis des
Humanismus macht nicht automatisch human. Und so spielte die
Idee des antifaschistischen Staates für mich so eine große Rolle.
Außerdem: Als Student und junger Lehrer erlebte ich zu Beginn

jedes Studien- oder Schuljahres, daß plötzlich wieder jemand fehlte, Kommilitonen, Schüler, Kollegen. Und – bitter zu sagen – ich *wollte* ihnen keine Träne nachweinen; ich sah es immer als eine Flucht nach rückwärts, auch als Weglaufen vor der großen Aufgabe, endlich die neue Gesellschaft zu gestalten. Schon im Studium waren es oft gerade die, die dir eben noch gesagt hatten: Das hast du toll gesagt, habe Mut, halte durch. Und dann kam die Karte aus Westberlin. Meine Haltung damals: Wer den Mut zu radikalen Änderungen hier nicht aufbringt, geht nach dort. So begriff ich BRD als interessantes ökonomisches Phänomen, mit dem ich mich beschäftigte, als Heimat bedeutender Leute, die ich las und schätzte; aber ich hatte keine innere Beziehung zu diesem Land. Heute schüttle ich den Kopf oder lache darüber, damals war es so.

Immer dieses Weggehen – Schüler, Lehrer, Bekannte –, das kann einen krank machen! Ich habe das später, 1989, ganz stark bei Mitgliedern des Neuen Forum erlebt, die konnten das schon nicht mehr hören, daß wieder jemand gegangen war. Das kann ich sehr gut begreifen, besonders wenn man sich in die Auseinandersetzung vor Ort begibt und sie ja auch nicht verlieren will. Aber darin ist auch ein Kern des Inhumanen, ich denke an die „Enfant-perdu"-Haltung von Biermanns, „Abgang ist überall", bis hin zu deiner Wiederholung der Honecker-Phrase vom „Keine-Träne-Nachweinen".

Für mich ist das eine nicht aufgelöste Beziehung zur Diktatur, weil ich glaube, daß uns an dieser Stelle alle freiheitlich-demokratische Tradition gefehlt hat, Demokratie mit Freiheit, Freiwilligkeit, Wählenkönnen.

Natürlich. Du mußt aber auch bedenken, daß meine Generation, daß ich, 1936 geboren, Demokratie, demokratische Strukturen nur aus der Literatur kannte. Als Junge fand ich manches toll und hatte es gar nicht kapiert; Geländespiele, Lagerfeuer, das Auftreten der etwas Älteren mit dem Fahrtenmesser usw., kein Begreifen von Gesellschaft... Und 1945 dann war es vor allem die innere Abwehr gegenüber den allzu Wendigen. Neue Strukturen wuchsen, man konnte sie akzeptieren, man konnte sie ablehnen, aber *gestalten* konnte man sie ja wieder nicht. Demokratieerfahrung, Demokratieverständnis, Gefühl für Defizite in diesem Bereich – woher sollte das denn kommen? Da wuchs auch so eine Haltung: Ich habe gegrübelt, gesucht, *jetzt* weiß und will ich das Richtige; und nun zählen für mich vor allem die, die auch das Richtige wollen. Toleranz, Pluralismus und dergleichen, das gab es für mich durchaus: im kulturellen Bereich, im Weltanschaulichen. Aber kaum im Politischen.

Das meine ich mit dem Lenin-Syndrom. Bei dem ging es dann eben bis zu Schädlingen und Ungeziefer.

Das trifft mich, glaube ich, nicht. Dennoch, irgendwo war die Haltung: Man muß ein bestimmtes Menschenbild haben, einen bestimmten Gesellschaftsentwurf. Wertigkeit von Menschen nach dem Grad der Bereitschaft zur Mitarbeit. Die anderen laufen am Rande, sind uninteressant. Diese Haltung hätte ich damals vielleicht sogar bestritten, aber letztlich war es so.

Ich sehe immer wieder dieses Kindheitserlebnis, den Verdacht gegen die rasche Umkehr und Wende, ich will's Ehrlichkeit nennen. Anpassungsverhalten gab es überall; andere wechselten den Ort, aber das war ja ihr Menschenrecht, und viele haben's wahrscheinlich richtig gemacht. Aber es war eben auch verbunden mit dieser Heuchelei und Heimlichkeit, andere in die Entscheidung nicht einzubeziehen, keine öffentliche Diskussion.

Auch Sokrates hatte die Jugend verdorben

1968 gab es wichtige Ereignisse und Erfahrungen, zuvor, Mitte der 60er Jahre aber Zuspitzung meiner Situation in der Schule; mehrere Aussprachen, auch wenn ich *noch* lächelte und abwiegelte. Nicht-Ernstnehmen als Schutzmechanismus. Eine große Aussprache über eine Rede zum 7. Oktober hatte viel Schärfe, sie hätte mir zeigen müssen, daß das als Signal gemeint war. Ich aber registrierte amüsiert die dummen Argumente der Gesprächspartner, die Rhetorik nicht zu würdigen wußten, und verhielt mich entsprechend. Dann folgten andere Gespräche. In meinem Unterricht waren Namen gefallen, die nicht im Lehrplan standen. Aber die Quellen, Schüler als Informanten, ermöglichten nur diffuse Vorwürfe. Doch die Verdächtigungen wuchsen, die Atmosphäre bedrückte mich.

Die Eskalation kam dann plötzlich, im Frühjahr 1968, April, vielleicht schon Mai. Uebel war wieder nicht da. Ich erhielt nachdrücklich und ohne Auskünfte eine Vorladung zum Schulrat. Auf Fragen nur Schweigen, vielsagendes; da spürte ich Angst. Dann kam der Termin. Mich empfing Kreisschulrat Haßmann, für mich die Inkarnation des Stalinisten; irgendein Mitarbeiter der Abteilung, Kießling, Rammler aus der Schule. Jetzt kam man rasch zur Sache, jetzt wurde Fraktur gesprochen, die Entwicklungen in Prag verlangten wohl, daß man die Schäfchen sortierte. Tenor: Trotz verschiedener Aussprachen und „Hilfen" häuften sich feindliche Äußerungen im Unterricht, fielen Namen und Fakten, die Schüler nur verunsichern könnten, hätte ich fragwürdige Kontakte zu ganz bestimmten Schülern. Da fiel übrigens sehr ausdrücklich dein Name! Politische Kumpanei nannte man das, ich dachte an Sokrates, der auch schon die Jugend verdorben hatte.

„Republikflüchtlinge" wie Bloch und Mayer waren im Gespräch, ich erinnere mich, daß Kießling sogar die Lexikonaussage zitierte, Bloch sei idealistischer Philosoph. Deren Schriften hätte ich empfohlen, gar verborgt. Aber auch Nietzsche hatte ich im Unterricht besprochen, im Zusammenhang mit Thomas Mann zum Beispiel. Ich wurde belehrt, sehr aggressiv und phrasenhaft: Der sei Faschist und deswegen nicht im Lehrplan. Werke von Lukacs hatte ich in die Goethe-Behandlung einbezogen. Und so weiter. Es war einfach mein weiter Kulturbegriff, Allgemeinbildung und kritische Aufarbeitung statt Ignoranz. Also Konterrevolution.

Und von Anfang an stand das Resultat fest: Für eine EOS sei ich politisch nicht mehr tragbar. Das hörte ich mehrfach.

Und immer wieder wurde mir bewiesen, daß bestimmte Namen nicht im Lehrplan standen, obwohl in der DDR verlegt: Borchert, Bobrowski usw. Nicht zufällig ging es auch um Bert Brecht, den man ja so oder so vorstellen konnte. Ich aber mochte gerade jenen, der gegen den Stachel löckt, den provokanten Denker. „Am Grunde der Moldau"... der Verfasser dieser Verse wäre Hermann Kant auch zum Opfer gefallen.

Bei allem witterte man Verrat. Ich aber versuchte zu erklären, meine Standpunkte zu verteidigen. Nannte Dummheit Dummheit, wenn verlangt wurde, den Schülern DDR-Schriftsteller nur als vorbildlich zu präsentieren (ich hatte gelegentlich Alkohol,

Partnerbeziehungen, Versagen in Bewährungssituationen ect. bei Schriftstellern erwähnt, deren Werke ich schätzte). Protestierte, wenn man mich antisozialistisch nannte. Da sagte mir der Schulrat – diese Formulierung hat sich mir tief eingegraben, sie traf die Atmosphäre, die Methode –, ich hätte keinen Klassenstandpunkt, das sage ihm sein untrüglicher Riecher für so etwas. Deswegen sei ich nicht tragbar. Und wieso ich nicht längst Genosse wäre, wenn das angeblich nicht stimmte...

Statt alle Vorbehalte anzuführen, nannte ich trotzig nur einen Grund: Mit gewissen Leuten wollte ich nicht in der gleichen Partei sein! Alle wie aus einem Mund: *Das* sei unverschämt, *da* müsse ich auch Namen nennen. Und ich bewies meine fehlende Eignung zum Diplomaten, indem ich Dr. Börner nannte, Parteileitung, Fachlehrer für Staatsbürgerkunde. Da war der Aufruhr perfekt, die Aussprache wurde abgebrochen, Fazit siehe oben.

Mir wurde mitgeteilt, die Sache sei entschieden, ich würde rechtzeitig Bescheid bekommen, wie es im folgenden Schuljahr weiterginge.

Kopfscheu ging ich nach Hause. Immerzu grübelte ich, was zu tun sei. Nach dem 31.5. hätte ich nicht einmal mehr kündigen können, falls man mich versetzte. Abwarten schien mir falsch, ich konnte es auch nicht. Also kündigte ich. Ich hatte vor, außerhalb des Arbeitsrechtsverhältnisses „unabhängig" das Verfahren, die Vorwürfe anzufechten. Ich weiß noch heute nicht, ob das falsch war, werde es nie wissen.

Da war sicher auch das Gefühl: Ich bin derjenige, der handelt. Die Unfähigkeit, einfach abzuwarten.
Ganz gewiß.

Vielleicht auch der Gedanke, daß man die Kündigung nicht annehmen wird, nicht annehmen kann?
Das hat sicher auch eine Rolle gespielt.

Und erwies sich als falsch.
Offenkundig!

Das alles geschah zur Zeit des Prager Frühlings im Nachbarland...
Ach ja, und ich hatte wieder und wieder dazu Stellung bezo-

gen. Du erinnerst dich vielleicht, daß ich das „Tagebuch", wichtige Artikel daraus, auch im Unterricht verwendete, übrigens auch im Lehrerzimmer. Ich machte kein Hehl aus meinen Hoffnungen. So war es den genannten Leuten wohl sehr recht, als ich kündigte.

Schon nach ungefähr einer Woche bekam ich Antwort, daß „seitens der Schule auf eine Weiterbeschäftigung kein Wert gelegt wird". Dann spitzte sich die Situation noch einmal zu. Im Zusammenhang mit einigen Unternehmungen, die für das nächste Jahr geplant waren, hatte ich meiner Klasse, 28 Mädchen der Klasse 11, gesagt, daß sie mit jemand anderem arbeiten würden. Sonst keine Auskünfte. Die Schülerinnen wandten sich an die Schulleitung, um etwas zu erfahren. Tage später kamen etliche zu mir, ratlos, enttäuscht, Tränen flossen. Der stellvertretende Direktor und der Parteisekretär hatten, während ich ahnungslos meinen Unterricht hielt, eine Aussprache mit meiner Klasse angesetzt und ihnen erklärt, der Herr Hieke habe an der Schule zu wenig Latein- und zu viele Deutschklassen. Deswegen habe er gekündigt. *Obwohl* seine Klasse im nächsten Jahr Abitur macht.

Nun wollten sie von mir wissen, ob das stimmte; sie konnten's nicht glauben.

Wie verhält man sich zu Lüge und Verleumdung, wenn sie von den Mächtigen ausgehen?

Ich ging nach Hause und formulierte alles schriftlich – wie dann noch oft. Am nächsten Tag erklärte ich in all meinen Klassen, daß sie belogen worden sind und ich beleidigt. Ich erklärte, was mich zur Kündigung veranlaßt hatte und warum ich keinen anderen Ausweg wußte. In der Schule brodelte es.

Ja, nun ist gut nachvollziehbar, daß gezielt desinformiert wurde, und wie du, noch in dieser Schule beschäftigt, Desinformation beantwortet hast, indem du Klartext sprachst. Das aber war eine politische Aktion, da mußte es brenzlig werden. Wie ging das weiter?

Vor allem war nun für mich alle Naivität weg; ich wußte, daß es hart auf hart geht. Ganz bewußt wurde die Situation an der Schule zugespitzt. In keiner Versammlung äußerte ich mich, ohne jede Äußerung sofort schriftlich festzuhalten; so verfuhr ich auch bei allem, was ich vor Schülern sagte. Und ich konnte nicht verhindern, daß Schüler, was ich erst später erfuhr, enttäuscht, entrüstet nach Berlin schrieben, wie ich selbst ja auch. In meiner Klasse freilich unterschrieben das nahezu *alle*, und das galt in der DDR nicht als Willensbekundung der Unterzeichner, sondern als politische Provokation, als Aufruhr…

Vergleiche § 107*!

Du sagst es. So entstand rasch eine Situation, in der Kollegen ihr Verhalten in der Öffentlichkeit sehr genau kontrollierten. Jeder begriff, daß es da auch um die eigene Haut ging. Also hielt ich meinen Unterricht, vertrat in Auseinandersetzungen meinen Standpunkt und respektierte die Angst der anderen. Ich bekam eine Ahnung davon, wie die Situation von Aussätzigen sein mochte. Ich erinnere mich z.B. an den Fall eines Schülers einer 10. Der hatte vor dem 1. Mai irgendwo eine Fahne abgerissen und sollte nun relegiert werden; ich kannte ihn kaum, aber mich empörte, wie das in zehn Minuten abgehandelt werden sollte, nachdem sehr lange über Kleinkram diskutiert worden war. Außerdem war das Lehrerkollegium nicht einmal richtig informiert worden, z.B. über die anderen Beteiligten. Es ging nur um die formale Zustimmung zur höchsten Schulstrafe: Ausschluß aus der EOS. Also protestierte ich und stimmte als einziger dagegen, mitleidig belächelt von den anderen.

Ansonsten aber wartete ich auf Reaktionen aus Berlin, denn ich hatte mich an das Ministerium für Volksbildung, aber auch an das ZK der SED gewandt. Da ich noch ein Jahr zuvor als Aktivist ausgezeichnet worden war, glaubte ich, daß eine Überprüfung der Methoden im Umgang mit Menschen nicht ganz sinnlos wäre. Anfang der Ferien kamen tatsächlich Leute aus Berlin und *erklärten* zumindest, die Maßnahmen seien nicht richtig. Jener Schulrat Haßmann erschien mit ihnen in unserer Wohnung, und Haßmann mußte sich in der Tat bei mir entschuldigen, vor allem wegen etlicher Formulierungen. Damals ließ mich das nicht ganz unbeeindruckt. Heute denke ich darüber anders: Demonstration von Bürgernähe und ein Laienspiel mit dem Titel „Demokratie".

Als ich dann aber meinte, ich müsse an der Schule bleiben können, kam der Pferdefuß: Die Zuspitzung der Konflikte an der Schule ließe mein Bleiben nur zu, wenn man andererseits Schul-

---

*§ 107: Staatsfeindliche Hetze;
Strafmaß bis zu zehn Jahren Haft.

und Parteileitung in eine unmögliche Situation brächte. Die Brüskierung solcher verdienter Genossen könne ich ja wohl nicht im Ernst erwarten; also könne ich an dieser Schule *nicht* bleiben. Außerdem gäbe es ja auch *berechtigte* Einwände gegen mein Auftreten... Kurzum, ich sollte die Kündigung vergessen und man werde mir helfen, an einer POS Arbeit zu finden. Die Entschuldigung hätte ich akzeptiert, nun solle auch *ich* nachgeben. An diese EOS jedenfalls führe unter den gegebenen Umständen kein Weg für mich zurück. Es stünden nur verschiedene POS zur Debatte.

Aber damit hätte ich ja die Vorwürfe und Methoden letztlich anerkannt, hätte Haßmann und Konsorten recht gegeben. Das kam für mich nicht in Frage, ich sagte: Klärung an der EOS, dann Weiterarbeit an der EOS! Da *die* stur blieben, blieb ich es auch. Also Kündigung und Suche nach einer anderen Arbeit.

Du weißt, daß sich damals Schüler nicht nur mit Briefen und Unterschriften nach Berlin gewandt hatten? Daß z.B. ein Schulstreik vorbereitet wurde? Ich war einer von denjenigen; wir wollten an einem bestimmten Tag und zu bestimmten Stunden nicht mehr zur Schule kommen. Daraufhin fand eine ganz intensive Bearbeitung statt. Einmal durch Lehrer, z.B. Rammler: Die Partei prüft alles, wir sollten jetzt nicht vorgreifen, sondern uns vor solchen Schritten hüten! – Oder z.B. durch Aktionen um die Wandzeitung, wo ein Artikel von mir – eher harmlos, zu einer ganz anderen Angelegenheit – entfernt wurde, weil meine Schrift der des Lehrers Hieke ähneln würde. Und es wurde die Staatssicherheit aktiv, mehrfach, in der Schule; mir wurde verboten, dich zu Hause zu besuchen. Mir wurde erklärt, du seiest ein Konterrevolutionär, ein Freund der Politik Dubčeks. In der Stadt wurden Gerüchte ausgestreut, es sei von deiner Seite zu sexuellen Übergriffen gekommen. Auf der ganzen Linie wurde eifrig und in übelster Weise gearbeitet; so entstand ein ungeheurer Druck. Vor allem – was du ja lange nicht hast wahrhaben wollen, sozusagen ausgeblendet hast –, weil wir es mit Stasi zu tun hatten. So war ein eindeutiges Urteil längst gesprochen.Und die Besetzung der ČSSR am 21.8. hat dann dieser reaktionären Clique gewissermaßen recht gegeben.
Aber zurück zu dir. Die Zeit in der Schule, die du beschrieben hast, von der du sagst, du hattest keine Unterstützung mehr: Ich

*erinnere mich, daß du die Pausen meist in den Klassen, kaum im
Lehrerzimmer verbrachtest. Wie war dein Verhältnis zu den Kollegen in dieser Zeit? Wie war das in der Familie? Deine Eltern
hatten den Sohn zum Studium gehen lassen, dann wurde er geext,
dann doch Lehrer, dann kündigt er... Du warst verheiratet, hattest zwei Kinder.*

In der Schule half mir meine Einstellung zum Beruf, zu den
Schülern. Ich hatte zu vielen Schülern ein sehr enges Verhältnis,
kameradschaftlich und vertrauensvoll trotz aller Autorität, denke
ich. Nachdem ich gemerkt hatte, daß mir viele Kollegen aus dem
Weg gingen, mir bestenfalls auf der Straße – vorher nach allen
Seiten witternd – ein gutes Wort sagten, Dr. Hochmuth etwa, ver-
tiefte sich mein Verhältnis zu den Schülern noch; ich spürte Auf-
richtigkeit, spontane Solidarität. Im Lehrerzimmer dagegen kam
ich mir deplaziert vor in diesen letzten zwei Monaten. Das Verhalten der Kollegen war taktisch bestimmt.

Zu Hause fand ich Rückhalt, wußte von Anfang an, daß meine
Frau zu mir stand, obwohl sie es nicht immer leicht hatte mit mir,
weil ständig Konflikte drohten. Sie hielt mich oft für unbedacht,
unvorsichtig, hätte es wohl gern gesehen, wenn ich zuweilen
weniger prinzipiell gewesen wäre. Aber das hatte nichts mit ihrer
Solidarität zu tun. Ihre Solidarität war für mich sehr wichtig, die
der anderen auch. Du weißt, daß gerade in dieser Zeit viele
Schüler bei uns aus und ein gingen, manchmal mehr, als diese
Wohnung eigentlich vertrug. Von meiner 11. Klasse, jenen 28
Mädchen, aber auch von anderen Klassen war immer irgend
jemand bei uns. Heute weiß ich, daß der eine oder andere dabei
gewesen ist, der benutzt wurde, um anderswo zu berichten. Ich
muß aber sagen, daß das, was ich heute über die Methoden des
Stasi weiß, z.B. durch dich, für mich damals unvorstellbar war,
sobald es um Schüler ging. Daß man Schüler in dieser Weise
einspannt, zu mir schickt oder einfach nachträglich ausfragt, weil
sie bei mir waren, das wollte ich damals nicht wahrhaben, das
konnte ich nicht glauben.

Wieso war das für dich unvorstellbar?

Ach, nenn's Idealismus, nenn's Dummheit; ich weiß es nicht.
Ich hielt diese Leute, Parteifunktionäre, Schulfunktionäre, erst
recht Stasi, für Fanatiker, hielt sie zumeist auch für dumm und
skrupellos. Aber der Mißbrauch von Jugendlichen, die Perfektion

der Bespitzelung, diese ganze Jesuitenmoral – der Mensch als Mittel zum Zweck –, das ging über meinen Horizont, das zu begreifen wehrte ich mich. Wahrscheinlich hatte ich noch immer Skrupel, diese Herrschaften als Erben von Methoden zu sehen, die für mich mit dem Attribut faschistisch besetzt waren. Dabei machte ich doch selbst immer wieder solche *Erfahrungen*! Ich hatte ja miterlebt, wie Margret eines Tages von der Arbeit kam – sie arbeitete damals als Laborantin in der RENAK Reichenbach –, unsere Tochter war in der ersten Klasse, wir wohnten am Stadtrand. Wenige Häuser an der kleinen Straße, jeder kannte jeden. In einer Stadt wie Reichenbach, ca. 30 000 Einwohner, war man als Lehrer der einzigen EOS auch vielen bekannt. Man kannte uns als Familie; gingen wir zum Spaziergang mal getrennt aus dem Haus, wurde es auf der Straße registriert. Die zahlreichen Besuche von Schülern natürlich auch. Und in dieser Kleinstadtatmosphäre bringt Margret eines Tages voller Zorn folgende Geschichte mit aus dem Betrieb: Ein Kollege hatte ihr sein Bedauern, sein Mitgefühl ausgedrückt. Als sie nicht begriff, hatte er erklärt. Es sei wegen ihres Mannes, der doch an der EOS habe aufhören müssen, weil er sexuelle Beziehungen zu Schulmädchen gehabt habe. Das erzähle man doch überall...

Für uns war das eigentlich kein Thema. Also lachte ich im ersten Moment; dann aber war ich ähnlich zornig wie Margret und hätte die Urheber dieses Gerüchts gar zu gerne gekannt.

Inzwischen kennt man ja die Instruktionen, wie gegen mißliebige Personen vorzugehen ist. Damals war ich, als es mich betraf, amüsiert und fassungslos zugleich; amüsiert, weil ich meinte, alle müßten es ähnlich absurd finden wie ich selbst, aber auch fassungslos und zornig wegen der ungeheuerlichen Diffamierung, gegen die man sich nicht zur Wehr setzen konnte.

Überhaupt fühlte ich mich damals oft elend, weil ich in dieser ganzen Geschichte das Gefühl von Hilflosigkeit nicht loswerden konnte. In den politischen Auseinandersetzungen in der Schule hatte ich mich sozusagen kämpferisch verhalten, vielleicht gilt das überhaupt für meine ganze Entwicklung. Nun aber – im Fall dieser Gerüchte, aber auch nach meiner Kündigung, bei meiner Arbeitssuche usw. – das Schlüsselerlebnis gewissermaßen: da sind Instanzen am Werk, die du nicht fassen kannst, allmächtig, überall spürbar, aber eben nicht zum Streit zu stellen.

*Eben! Und die, an die man sich wendet, an die auch du dich
gewendet hattest, die da oben, die sind es selbst!*

Ja, genau. Und dennoch probiert man's.

Wer war der Gegner?

Ich hatte mir vorgenommen, verbohrt, es *denen* zeigen zu wollen. Ich wollte noch einmal von vorn beginnen, außerhalb dieser
Volksbildung, bei der Disziplinierung noch gründlicher als
anderswo funktionierte. So bewarb ich mich in Schwedt, Erdöl-
verarbeitung, Schwerpunktbetrieb der Volkswirtschaft. Die ver-
sprachen mir, ich könne rasch Chemiefacharbeiter werden, von
anschließendem Fernstudium war die Rede. Dann gab's Verzöge-
rungen, die Beurteilung aus Reichenbach fehlte, zuletzt noch die
Freigabe* der Volksbildung. Am 15.9. war endlich alles beisam-
men, die überarbeitete Beurteilung eingeschlossen. Aus Schwedt
kam ein Telegramm: Arbeitsaufnahme nun möglich. Mit dem
Zug fuhr ich los, brachte mein Köfferchen ins Ledigenwohnheim,
ging ins Werk. Man zeigte mir den Arbeitsplatz, ich wurde in
eine Schicht eingeteilt, Ausbildungspläne wurden besprochen.
Nun sollte ich mich rasch noch bei der Betriebsärztin vorstellen,
eine notwendige Formalität. Alles schien in Ordnung, auf Fragen
erwähnte ich beiläufig mein Asthma als Schönheitsfehler. Da
durfte ich wieder nach Hause fahren, nach zwei Nächten und
einem Tag stand ich frühmorgens wieder vor der Gartentür…

Irgendwann später traf ich die Ärztin in einem Ferienlager
wieder, ihr Spezialgebiet war die Arbeitsmedizin, ihr For-
schungsthema Berufskrankheiten. Ihr war es regelrecht als Witz
erschienen, daß es ein Asthmatiker ausgerechnet im Erdölverar-
beitungswerk, in der Chemie also versuchen wollte.

Wie kamst du aber auch gerade darauf, woher solch *eine Idee?*

Ich wußte genau, was ich *nicht* mehr wollte: Volksbildung,
Schulräte, die ganzen Arbeiter an der „ideologischen Front"! Ich
schrieb viele Anfragen und Bewerbungen, Hochseeflotte, Stahl-
werke, Schwedt… Wie ich es jetzt so sage, muß ich selbst

---

*In der DDR erforderlich, um aus dem Schuldienst auszusteigen.

lachen; es ist wohl nur damit zu erklären, daß ich diese Krankheit nie ernst nehmen wollte.

Weit weg sollte es sein und schwer, Schuften sollte dabei sein, der Kult der körperlichen Arbeit, *bloß* kein Büro. Kultur, Politik, Ideologie sollten bedeutungslos sein, vielleicht so etwas wie bei Rauchern, die gerade aufgehört haben: Wehret den Anfängen! Und nun stand ich da, Familie, schulpflichtige Tochter, der Vater ohne Beschäftigung und Einkommen. Das Gefühl schuldig zu sein, die Familie sollte nicht ausbaden, was *ich* eingebrockt hatte. Also lief ich zu allen möglichen Bekannten mit der Frage, wo ich als unqualifizierte Arbeitskraft meinen Lehrerlohn erreichen könnte. Und das hieß nun mal körperlich schwere Arbeit.

Von Bekannten meines Vaters wurde mir gesagt, als Transportarbeiter auf dem Güterboden der Reichsbahn könne ich um die 700 Mark verdienen. Kraft, Arbeitswut brachte ich mit, linke Hände hatte ich nicht, also nahm ich an; mir blieb ja auch keine Zeit zum Suchen und Wählen.

Als erforderliche Berufsausbildung in der EOS habe ich Betriebs- und Verkehrseisenbahner gelernt, drei Wochen Schule und eine Woche Deutsche Reichsbahn. Wir sahen uns da ja auch – ich in Uniform, mein Deutschlehrer in weißem Hemd, Lederschürze und schweren Arbeitsschuhen beim Entladen von Güterwagen... weißt du noch?

Sicher weiß ich das. Ich könnte es mit fotografischer Genauigkeit malen, wenn ich malen *könnte*. Eine eigenartige Mischung von Gefühlen: oft bedrückend, aussichtslos, aber auch amüsant und irgendwie tröstlich. An manchem Tag erlebte ich, daß auf der Güterstraße, wo die entladenen Kisten und Fässer auf LKWs umgeladen wurden, mehr Schüler der EOS waren als Leute, die dort zu tun hatten. In unserer kleinen Stadt war es halt eine Attraktion: Der Latein- und Deutschlehrer der EOS mit der Stechkarre, schwere Kisten und Fässer transportierend. So fand ich es auch nicht verwunderlich, daß in jenem Jahr mehrmals Leute von irgendwelchen staatlichen Stellen erschienen und mir erklärten, diese Situation müsse möglichst rasch beendet werden. Es sei doch auch für mich nicht lustig, der gebildetste Transportarbeiter der DDR zu sein! Übrigens zweifle ich das heute an, wer weiß, wen es noch in solche Schwänke verschlagen hat.

Einer kam von der Bezirksleitung der SED, den du auch kennen müßtest. Ich habe mich später an ihn gewandt, als auf Drängen der EOS Reichenbach deine Studienzulassung rückgängig gemacht worden war – er war zu Überprüfungen in Reichenbach. Später, viel später nannte ihn einer meiner Direktoren in Zwickau einen „scheißliberalen Genossen". Der jedenfalls wirkte auf mich verständnisvoll und hilfsbereit, das Wort ehrlich vermeide ich lieber. Er redete mir zu: Ich hätte meinen Standpunkt gezeigt, ich hätte nicht kapituliert. Aber nun müsse es auch einmal genug sein, mein Trotz nütze niemandem. Ich solle doch endlich wieder als Lehrer arbeiten, er wolle mir dabei helfen usw.

Schuster, der väterliche Genosse! Ich sage es mal zugespitzt: In dieser Zeit sind Unterschiede *deutlich geworden, Unterschiede auch von Menschen. Situationen wie 1968, Rausschmisse, Schülerstreik, und dann wieder Alltag, der anders sein konnte. Schüler, die treu blieben, andere nicht, auch welche, die spitzelten... Dieses Phänomen beschäftigt mich: Wir lernten uns damals kennen, da* bewährte *sich ja auch etwas. Ich z.B., ein Schüler, wurde konfrontiert mit dieser geheimen Stasimacht, die auch mir sehr viel Angst machte – du wurdest zu dieser Zeit von ihnen nicht angegangen, aber Schüler von dir. Was mir häufig begegnet ist und mich sehr beschäftigt, ist dieses selektive Vorgehen: Das geheime Vorgehen einerseits – und der Alltag ist anders. Diese zwei Ebenen: öffentlich – nicht öffentlich. Das bringt mit sich, daß man keine* umfassende *Wahrnehmung der Realität hat, z.B. die Lage der Schüler wahrzunehmen, in der sie sich auch im Sinne von Gefährdung befanden. Das hätte erforderlich gemacht, daß man sich mit Stalinismus, vom GULAG bis zum KGB, von der GESTAPO bis zur STASI auseinandersetzt – oder verdrängt. Eine Hypothese, ich frage dich: Der Druck dieser Jahre und Ereignisse, alles, was war, führte das dazu, einige Dinge nicht zuzulassen, um andere aushalten zu können? Mindestens im Bewußtsein?*

Ich komme noch einmal zurück zum Stichwort Naivität. Ich sagte, diese Naivität hatte auch eine emanzipatorische Kraft, eine Ermutigung, und die war sehr realistisch, wie sich jetzt herausstellt, das Durchhalten in schwierigen Situationen, auch Konfliktbereitschaft. Und das andere, was an dieser Stelle des Gesprächs geschieht, was Menschen wie du und ich, aber offenbar auch breite Bevölkerungskreise noch nicht thematisiert haben: Wer war *der eigentliche Gegner? Das war doch eine Geheimorganisation, eine Mafia, die eine ganze Gesellschaft kaputtgemacht hat.*

Ja, und ich gebe zu, daß ich damals – bei dem Gerücht gegen mich, bei Erzählungen von dir, von Schülerinnen meiner Klasse – nicht fertig wurde mit diesem Umstand, daß da nur *ein nicht greifbarer* Gegner sein sollte. Zum Teil führte das dazu, daß ich abwiegelte, daß ich manchmal meinte, du würdest übertreiben. Orwells „1984" hatte ich natürlich gelesen, über Parallelen konnte ich sprechen. Aber ich fand es denn auch phantastisch und brauchte sehr lange, bis ich begriff, daß DDR-Wirklichkeit die Phantasie des Schriftstellers noch überholt hatte. Da wirkten sicher auch Schutzmechanismen, Verdrängung des Undurchschauten, Ungreifbaren. Vieles wußte man nicht, gewiß, aber aus Artikeln von Kopelew etwa wußte ich doch vieles über KGB, GULAG usw. Aber in der DDR war wieder vieles *anders* als bei Stalin, die einfachen Parallelen und manche flotten Sprüche des RIAS etwa stimmten so nicht. Ja, bei Stalins Tod und den verordneten Kulthandlungen, da erlebte ich noch, daß vorlaute Leute vom Trauerzug weg abgeholt worden waren. Das schien sich aber geändert zu haben, in meinem Erfahrungsbereich erlebte ich so etwas nicht mehr, nicht während des Studiums, nicht zwischen 1960 und 1968 als Lehrer. Waren Verhaftungen seltener geworden, war's Zufall, daß es in meiner Umgebung diesen Anschein hatte? 1968 änderte sich das, du weißt von Mitschülern, die für den Schriftzug „Dubček" an einer Kirchenmauer abgeholt wurden. Ich aber, trotz all meiner Äußerungen, wurde „nur" in der beschriebenen Weise attackiert. Die Dienststelle des MfS in Cunsdorf, von der wir uns oft unterhielten, von der du schon mehr wußtest als ich, schien sich für mich nicht zu interessieren. Dieser Eindruck lähmte wohl auch, ließ Fronten verschwimmen – *Gegner* waren für mich Schulfunktionäre u.ä. Die anderen sah ich nicht. Was ich heute weiß, ahnte ich damals nicht einmal.

Und das war eine Zugabe des Gegners, daß du selbst mit ihm nicht zu tun bekamst! Und daß du so auch keine konkreten Erfahrungen im Umgang mit diesem Gegner sammeln konntest, während andere das konnten, mußten.

Wie war das in dieser Zeit der Entscheidungen mit dem Vertrauen und dem Mißtrauen? Gab es Leute, Kollegen, ehemalige

Kollegen, aus der Familie… wo Vertrauen durchgehalten wurde?
Und von deiner Seite, gab es gegenüber Schülern wie mir
Mißtrauen, vielleicht die Überlegung: Ist der von denen ange-
sprochen worden, stimmt alles, was er sagt?

Bei mir überwog Vertrauen. Sicher, als ich z.B. von dir, von
Margret jene Gerüchte über mich und mein Verhältnis zu Schülerinnen hörte, da begann ich zu grübeln, ging in Gedanken all
die durch, die bei uns aus und ein gingen, sah ihre Zuneigung
weniger naiv. Noch heute könnte ich Schüler nennen, an deren
Solidarität, Ehrlichkeit ich plötzlich zu zweifeln begann… Und
seit 20 Jahren schäme ich mich vor mir, wenn ich in dieser Weise
an den oder jenen denke. Wie schlimm, wenn ich ihnen in
Gedanken unrecht tat!!!

Aber – und nicht etwa, weil wir jetzt hier zusammen sitzen –,
bei vielen, bei den meisten kam Mißtrauen überhaupt nicht hoch,
schon gar nicht bei dir. Dafür war unser Verhältnis zu eng, ich
kannte dich zu gut; nein, mir war stets klar, wie ähnlich wir in
vielem dachten, in vielen deiner Ideen erkannte ich meine
Jugendträume wieder. Bei einigen anderen aber kam mir der Verdacht…, und ich fühlte mich sehr schlecht dabei, etwa wenn ich
nach ihrem Besuch dachte: Warum wird *der* wohl gekommen
sein, *was* hast du in seinem Beisein gesagt?

Und deswegen denke ich, daß da, nicht zuerst Schüler betref-
fend, Klarheit geschaffen werden sollte durch Einsicht in die Ak-
ten, was ja jetzt möglich ist. Du solltest da etwas unternehmen!

Das habe ich.

Damals, 13 oder 14 Monate lang, habe ich unter den beschriebenen Umständen auf dem Güterboden gearbeitet. Im Herbst 69
kamen gesundheitliche Probleme zu allem anderen dazu, erst ein
Arbeitsunfall, der mich beinahe einige Finger gekostet hätte,
dann Krankschreibung wegen eines Muskelfaserrisses etc. Just zu
dieser Zeit meldete sich jener Genosse aus Karl-Marx-Stadt wieder, ich wurde zu Aussprachen eingeladen, in die Bezirksleitung
jener Partei, der ich nicht angehörte. Noch etwas Besonderes:
Unser zweites Kind war unterwegs, Michael. Die Frage nach
meiner weiteren Arbeit bewegte uns da durchaus. Und genau zu
dieser Zeit kommt das Angebot, ich solle doch außerhalb von
Reichenbach, wo ich verständlicherweise (!) nicht nachgeben
wolle, als Lehrer arbeiten. Man wolle mir dabei helfen. Mir

erschien das ehrlich, auch wenn du vielleicht lachst. Und da war ja auch die Sehnsucht, endlich wieder vor Schülern zu stehen. Schließlich war ich mit Leib und Seele Lehrer. Wir sprachen davon, daß ich auch Theologie erwogen hatte; vielleicht kann man beides nur entweder schlecht oder ganz und gar? Klar, ich schuftete auch als Transporter, verstand mich gut mit den Kollegen, eifrig bemüht, den „Intellektuellen" zu Hause zu lassen, aber von Woche zu Woche wuchs doch eine innere Leere...

Also nahm ich das Angebot an und ging im November 1969 nach Zwickau; dort wurde ich in eine Schule geschickt, die für mich günstig am Bahnhof lag. Heute glaube ich zu wissen, daß ich schon wieder naiv an das Beste glaubte. Es ging kaum um die Bahnhofsnähe, sonder eher um den Direktor, einen ganz und gar zuverlässigen Genossen, wohl nicht nur der Volksbildung treu ergeben. So wurde ich Lehrer an der Fröbelschule zu Zwickau, an einer POS. Ich gab Deutsch, Russisch, später auch Geschichte, Geographie. Im Kollegium wurde ich gut aufgenommen, genoß bald Achtung und fühlte mich recht wohl, auch wenn ich von anderem Unterricht träumte. Bald war ich Fachzirkelleiter für Deutsch, Schulleitungsmitglied, meine Meinung war gefragt, meine Arbeit wurde gelobt. Und obwohl ich oft und zu allen möglichen Themen, politischen wie pädagogischen, offen und kritisch meine Meinung sagte, gaben mir auch Genossen nicht selten recht. Sie unterstützten mich sogar, wenn ich manche ihrer „Kampfgefährten" als Phrasendrescher u.ä. attackierte. Sie schienen sich sogar zu freuen, daß da einer offen statt hinter vorgehaltener Hand Dinge beim Namen nannte. Für mich waren das ermutigende Anzeichen, es fiel mit den ersten Erklärungen Honeckers zusammen, in denen von Offenheit, Meinungsvielfalt die Rede war. Alles sei möglich, was die neue Gesellschaftsordnung nicht grundsätzlich in Frage stelle. Ich war zwar nicht mehr so naiv, das alles für bare Münze zu nehmen, aber Hoffnungen weckte es dennoch. Und so dachte ich, nun habe man besondere Wirkungsmöglichkeiten, wenn man *dazugehört*. Veränderung von innen heraus!

Gesellschaft nackt gesehen

1969/70. Da vollzog sich der Wechsel von Ulbricht zu Honecker. Du wurdest wieder Lehrer; ich hatte Schwierigkeiten, mein Studium zu beginnen. 18 Monate Armeedienst in Plauen, Zulassung zum Psychologiestudium in Jena – und dann kam per Brief die Mitteilung, auf Antrag der EOS Reichenbach sei die Zulassung rückgängig gemacht, eine fadenscheinige Begründung dazu. Und die Lehrer, die wir schon genannt hatten, Funktionsträger wie Rammler, Kießling waren sehr aktiv, einem Schüler wie mir noch nachträglich das Studium zu verweigern. Das hing einmal zusammen mit meinen Kontakten zu dir, zum anderen mit einem anderen Schüler, Utz Rachowski, der jetzt auch Autor ist, auch seit langem nicht mehr hier, Gefängnis, Ausbürgerung.

Ich fragte, ob man in diese Partei sogar Leute wie mich aufnähme. Das hat für eine kurze Zeit unsere Beziehung belastet. Ich hatte mich dafür eingesetzt, daß deine Studienzulassung gültig blieb; und plötzlich kamst du nur noch selten. Meine Erklärung: Das mußte dieser Parteieintritt sein. Vielleicht hieltest du's für eine Art Verrat; das aber war es für mich damals nicht. Ich glaubte, dasselbe wie in all den Jahren zuvor tun zu können, nun aber auf einem weniger aussichtslosen Weg.

Das war eine Sache, die wir beide erlebten, mit ähnlichen Überlegungen, nur etwas zeitversetzt. Ich hatte mein Studium tatsächlich beginnen dürfen, zuvor hatte es ein Gespräch mit jenem Genossen Schuster gegeben. Nach dem, was ich bisher erfahren habe, einer der geschickten Verbindungsleute für den Umgang mit Andersdenkenden bei der Bezirksleitung. Die waren durchaus nicht nur Dogmatiker, oft war diese Sorte Stasikontaktleute durchaus kundiger, gesprächsbereiter, weil sie natürlich gesichert waren, auch andere Informationen hatten als andere.

Ich kam also zum Studium, aber aus ganz anderer Situation heraus und in einer ganz anderen als du. Und ich kam von der Armee. Diese Armee hat natürlich ungeheuer desillusioniert, wenn da noch Illusionen waren. Du weißt, was ich später gemacht habe, du kennst die Bücher. Ich brauchte sehr lange, das alles zu verarbeiten. Dort habe ich, wie dann auch später im Gefängnis, die Gesellschaft nackt gesehen.

Du hattest dich dafür eingesetzt, daß ich studieren durfte. Das hatte aber wohl auch damit zu tun, daß zu dieser Zeit Integration versucht wurde; das war ja ein ständiges Auf und Ab. Die einen wurden rausgedrängt, die anderen reingenommen. Dieses Mal wurden wir reingenommen, bei ganz klarem Feindbild. In der Psychologie an der Uni Jena nun wurden alle Entscheidungen durch die Stasi definiert. Leute wie Hiebsch wurden völlig an die Wand gedrückt, nicht im Fachlichen, aber was den organisatorischen Ablauf der Sektion betraf. Die Partei unter uns Psychologen bestand zu erheblichen Teilen aus Offizieren des MdI und der Stasi.

Eine kleine Fraktion nur, unter anderem der Sohn des Brecht-Forschers Hecht, noch ein anderer aus Dresden, äußerte dieselbe Begründung wie du für den Eintritt in die Partei: es sozusagen von innen heraus zu versuchen. Ich habe dann zwar auch diese Entscheidung getroffen, aber die bestand schon zu drei Vierteln in der Absicht, die „Gedächtnisprotokolle" zu schreiben. Und indem ich die schrieb, du sie nachvollziehen konntest, wußtest du, daß ich ein ziemliches Risiko einging. Denn wenn man das machte, mit einem Rest von „Mal sehen, was da rauskommt" und „Es muß ja nicht unbedingt schiefgehen", vor allem aber mit dem Vorsatz: „Das muß unbedingt dokumentiert werden!", dann war das schon mehr eine Entscheidung zur Tat. Ich wußte nicht, was das für die Freunde heißt, von den Eltern hatte ich mich weitgehend zurückgezogen; eine persönliche Beziehung zu einer Frau ging in die Brüche; so habe ich ein Kind, das ich noch nie gesehen habe. Es sind also Entscheidungen gefallen, wo es wirklich heiß und hart wurde. Auch gab es nun die Freundschaft mit Havemann, mit Biermann. So war für mich der Konflikt, den du angesprochen hast, kaum einer. Es war eine Zeit wichtiger Entscheidungen. Meine Hypothese, rückschauend: Reingehen in diese Partei, schön und gut. Aber wenn man bleiben wollte, was zu sein man für richtig hielt, dann fiel man anschließend noch tiefer. Sobald es nämlich schiefging – und das mußte es.

Wir haben diese Entscheidung aus sehr unterschiedlichen Perspektiven getroffen. Du hattest Erfahrungen gesammelt – Armee, ein Studium von besonderer Brisanz –, die ich nicht hatte. Und ich war zu alt, hatte *meine* besonderen Erfahrungen, so daß ich auch nicht mehr mit der Stürmer-und-Dränger-Pose an das Aufbrechen der Strukturen wirklich glauben konnte. Im Hinterkopf war die Sperre: Das geht nicht gut. Aber ich sah auch keine *andere* Möglichkeit. Der Versuch mußte gemacht werden. Da wollte ich von niemandem hören, ich hätte eine Fehlentscheidung getroffen, denn das war ja schon eine wunde Stelle.

Mir war relativ zeitig klar, daß es nicht geht. Eine Klarheit, die ich der Armee schuldete. Oder höchstens mit bewußter Opposition. Das war aber zwischen uns nie Konsens, darüber hatten wir nie gesprochen. Das hätte ja, ganz lässig gesagt, eine Art Bürgerinitiative sein müssen!

Solche Überlegungen spielten aber auch in meinem Denken eine Rolle. Ich erinnere mich gut an unsere Diskussionen, unsere unterschiedlichen Standpunkte. Ich zweifelte daran, daß solche Erwägungen, was alles grundsätzlich in Frage zu stellen sei, auf die Spitze getrieben werden sollten. Ich war davon überzeugt, daß in absehbarer Zeit eine *Massenbasis* für grundlegende Infragestellung dieser Gesellschaft nicht möglich wäre. Also immer wieder das Grübeln über Erfolgschancen, Wirkungen, Taktik und Strategie. Anfang der 70er gab es schließlich im materiellen Bereich Fortschritte, die Löhne stiegen, die Versorgungslage wurde besser, die Zahl der Neubauwohnungen wuchs – eine *Opposition* hielt ich damals für intellektuelle Spielerei, Arbeiter hörte ich von Spinnern sprechen.

Ich sah das Ganze mehr praktisch, handelte auch so: Verteilen von Büchern, Schallplatten usw. Das waren einfach Dinge, die man tun konnte und die nicht groß diskutiert zu werden brauchten.

Kaum war ich in die Partei eingetreten, 1971 oder 72, da sollte ich das Parteilehrjahr halten. Ich erklärte mich bereit und fand Zustimmung, obwohl ich alles mögliche kritisch betrachtete und gewiß nicht die Argumente der Kreisleitung weitertrug. Selbst über meine Konflikte in Reichenbach konnte ich sprechen, Biermanns Che Guevara-Lied konnte ich vorstellen, die Atmosphäre der Diskussion bestimmen – kurzum: Meine Hoffnungen schienen sich zu bestätigen. 1973 wurde ich gefragt, ob ich bereit sei, Parteisekretär an der Schule zu werden; ich sagte zu, weil ich glaubte, nun erst recht das eine oder andere bewirken zu können.

Das war die Zeit, wo etwa Christa Wolfs „Nachdenken über Christa T.", lange behindert, als Taschenbuch erscheinen konnte,

Reiner Kunzes „Briefe mit blauem Siegel" bei Reclam gedruckt
wurde und auch Leute wie ich mit kritischen Gedichten, die sich
durchaus sehen lassen konnten, veröffentlicht wurden. Etwa die
„Auswahl 74": Bettina Wegner, Brasch... Selbst Biermann wurde
damals in Aussicht gestellt, seine „Ballade vom Kameramann"
würde in einer Anthologie erscheinen.

   Dann aber, 1974/75, wurde das alles und noch mehr zurück-
genommen. Diese Koordinaten sind mitzudenken.

   Und dich „förderte" dein Direktor? Mich interessiert der Typ
dieses Direktors, der auf dich zuging und der mit großer Wahr-
scheinlichkeit ständig Berichte geliefert hat. Und mich interes-
siert, wie du Schule in dieser Arbeiterstadt Zwickau erlebt hast.
Du kamst nicht an die EOS, du hattest einen Kompromiß
geschlossen, Gründe hast du erklärt.

   An dieser Schule wurde ich rasch akzeptiert. Auch von dem
Direktor, über den ich heute ganz anders denke als damals. Er lag
gerade in Scheidung, ging ungern nach Hause, war ungeheuer
arbeitswütig, was mir natürlich imponierte. Er zerriß sich für die
Schule, und man konnte anscheinend ganz offen mit ihm über
alles reden. Wenn ich gegen dümmliche, bornierte Funktionäre
an der Schule – Partei, Gewerkschaft – auftrat, dann hatte ich
seine Unterstützung; er schien das gute Argument zu schätzen,
Fleiß und fachliche Qualität auch. Tiefgründige Analysen zu
politischen Problemen schienen ihm lieber als die Phrase, und
das war eben nicht selbstverständlich. Er war einer aus der Arbeiterfamilie. Dann Zimmermann oder Tischler. Kein Abitur. Lehrerbildung für Werktätige in Erfurt. Polytechnik und Deutsch.
Weitergebildet durch die Partei, also gab er auch Staatsbürgerkunde. Er fühlte sich immer als *Parteiarbeiter*, plebejische
Erscheinung und Manieren. Wegen seiner Borniertheit lächelte
ich über ihn, aber insgeheim, denn *er* nannte das Klassenstandpunkt. Ihm glaubte ich, wenn er sagte, daß er „Westsender" nicht
brauche. Sein Weltbild war komplett, er war stolz auf diese Be-
schränktheit. Sein Gerede von Arbeiterstaat, Chancen für Arbeiter, Friedenspolitik und so kam ihm tatsächlich aus dem Herzen.
Ich lächelte und beobachtete doch interessiert diese Spezies: den
intellektuell aufgemotzten Proletarier, aber eben auch mit naiver
Freude an Bildung. Und wir schienen nebeneinander existieren
zu können. Immerhin konnte ich in einer Arbeitsgemeinschaft
Literatur die von dir genannten Veröffentlichungen behandeln. Er

mochte sie nicht, für ihn waren Ostrowksi und Erik Neutsch der Gipfel der Weltliteratur, aber es gab auch keine Interventionen.

Aber das war auch die Linie damals!

Gewiß; und doch hielt ich gerade ihm manches zugute, verglich ihn mit meinen Oberen an der EOS Reichenbach. Später habe ich ihn erschreckend anders erlebt, das denke ich nun immer mit. Bei irgendeiner Veranstaltung, er hatte schon etliches getrunken und wurde sentimental, hörte ich von ihm, daß er von einer ganz anderen Karriere träumte. Traurig erzählte er, daß er wegen eines Stiefbruders, der in die BRD gegangen war, nicht bei dem MfS arbeiten könne, als Klassenkämpfer wie Pawel Kortschagin[*]. Es war kitschig, und ich erinnere noch deutlich Ekel: Als Kumpel für solch eine Mitteilung betrachtet zu werden! Da änderte sich meine Haltung zu ihm, aber noch immer hielt ich ihn für ehrlich, nicht für böswillig.

Was übrigens nicht stimmt. Als Direktor war er eine Stasi-Vertrauensperson in jeder Weise! Ich möchte wetten – und wir werden das an deinen Akten sehen! –, daß er mindestens als IM[**] arbeitete.

Das scheint mir heute auch so. Zum Beispiel hörte ich später von ihm, daß er, als ich wegen des Parteieintritts gefragt hatte, in Reichenbach bei der Kreisleitung gewesen sei, um sich zu erkundigen. Da war mir schon klar, daß er wohl eher die Kreisdienststelle des MfS in Cunsdorf meinte. Dort wird wohl dann mein Weg geplant worden sein. Aber als ich das hörte, war ich schon Parteisekretär, es war zu spät. Wieder einmal hatte ich etwas Wichtiges zu spät kapiert. Ich hatte überlegt zu handeln geglaubt und wurde gehandelt.

Hast du bemerkt, daß man sich zu dir anders verhielt, als du Parteisekretär warst? Gab es Mißtrauen? Oder war das, was du wolltest, nun besser zu vertreten? Wie ist die Bilanz?

Die habe ich seither oft gemacht. Es mag beschönigend klingen, aber ich hatte das Gefühl, den Eindruck, daß in unseren Ver-

---

[*] Held in Ostrowskis „Wie der Stahl gehärtet wurde".
[**]Inoffizieller Mitarbeiter beim MfS.

sammlungen offener gesprochen wurde als anderswo. Und eine Reihe von Kollegen sprach sehr offen mit mir über alles. Auch über Differenzen mit dem Direktor, arbeitsrechtliche, persönliche, seine tölpelhafte Art im Umgang mit Menschen... Das wurde oft mit mir besprochen, und ich versuchte manches zu klären.

In der Kreisleitung hingegen, wo man regelmäßig zu Anleitungen zu erscheinen hatte, ein Mal im Monat etwa, fühlte ich mich als Außenseiter, eckte auch mit vorlauten Reden an. Und dann ein Jahr Kreisparteischule, d.h. einmal pro Woche Schultag, Vorlesungen, Seminare...

Zu den monatlichen Anleitungen mußten die Parteisekretäre erscheinen, am Jahreslehrgang der Kreisparteischule mußten nach und nach alle teilnehmen, die irgendeine Funktion in den Schulen hatten. Die Redner, das Wort Lehrer möchte ich dafür wirklich nicht mißbrauchen: Leute aus dem Parteiapparat, also Sekretäre der Kreisleitung, Abteilungsleiter, Sekretariatsmitglieder, zu besonderen Weihestunden der erste Sekretär. Dazu hauptamtliche Mitarbeiter jener Kreisparteischule, Parteikader, mäßig gebildet, aber sehr selbstbewußt. Ich gefiel mir als *advocatus diaboli*. Ich war derjenige, der immer wieder *wirkliche* Informationen forderte, Attacken ritt gegen die Weltfremdheit des Parteiapparates. Vier Stunden Anleitung konnte man auf eine knappe Stunde in der Versammlung reduzieren.

Manchmal hatte ich das Gefühl, mir vieles leisten zu können; immer häufiger aber war das Gefühl, im Grunde nichts von Bedeutung bewirken zu können. Manchmal konnte ich mich vor einen Kollegen stellen, meine eigenen kritischen Äußerungen, auch Offenheit im Unterricht schienen im Gegensatz zu früher abgesichert, aber das war's auch schon. Bilanz nach kurzer Zeit: der Eintritt eine Fehlentscheidung, die Funktion erst recht.

Du sagtest vorhin, daß ich irritiert gewesen sei, als du in die Partei eintratst. Ich frage mich jetzt: Wie hat deine Funktion als Parteisekretär, wie hat dein Auftreten auf deine Schüler gewirkt, auf kritische wie mich einst? Sind sie stärker oder seltener zu dir gekommen? Was hatte das für Folgen? Identifizierten sie Partei mit dir? Gab es etwa andere Eintritte?

Du vergißt wesentliche Unterschiede. Wir waren damals an der *EOS* – jetzt war ich an einer *POS*. Meine Schüler waren in der

Regel zwischen 14 und 16, mitunter auch jünger. Politische Diskussionen hatten da ein anderes Niveau. Seltsam dennoch: Für viele Schüler, zu denen ich ein besonders enges Verhältnis hatte, war mein Vorgänger immer noch der Parteisekretär. Im Lehrer-Schüler-Verhältnis blieb meine *Funktion* draußen. Alle ehemaligen Schüler, die irgendwann der Partei beitreten wollten, brauchten ja zwei Bürgen. Die gingen zu allen möglichen Genossen Lehrern, oder zu ihren Lehrerinnen aus der Unterstufe, aber *nie* kam einer zu mir. Ich kann's nicht erklären, nur konstatieren. Witterten die den Abtrünnigen, das Schaf im Wolfspelz? Ich hatte ja durchaus bei offiziellen Anlässen gelegentlich zu sprechen; aber zum Repräsentanten taugte ich wohl überhaupt nicht, schon gar nicht für diesen bieder-gefährlichen Verein.

Sturm auf die Höhen

Ich war, ab 1974 glaube ich, Fachberater für Deutsch in Zwickau. Und das hieß, daß ich an meiner Schule nur noch zwei Klassen in Deutsch unterrichtete, ca. 8 Stunden, also eher Gast war an der Schule, allerdings noch immer Parteisekretär. Ansonsten war ich für das Fach Deutsch an der Hälfte der Zwickauer Schulen verantwortlich; es gab noch einen zweiten Fachberater. Das brachte neue Aufgaben, Einarbeitung, großen Zeitaufwand. Meine Kontakte, Gespräche hatte ich nun mehr mit Fachkollegen, auch mit den Direktoren der Schulen, an die ich kam.

Fachberater gab es in jedem Kreis für alle Unterrichtsfächer. Sie waren dem Direktor des Pädagogischen Kreiskabinetts unterstellt, dieser war zugleich einer der engsten Mitarbeiter des Kreisschulrates. Vom Kreisschulrat wurden die Fachberater berufen, natürlich redeten alle möglichen Instanzen mit. Selbstverständlich wurden diese Stellen *nicht* ausgeschrieben, wir reden ja von der DDR. Die Aufgabe bestand vor allem darin, die Lehrplanerfüllung im Fach, die Qualität des Unterrichts usw. zu analysieren, also auch zu kontrollieren, und auf dieser Grundlage den Unterricht und seine Ergebnisse gezielt zu verbessern.

Also mußte man bei allen Kollegen hospitieren, natürlich mehr als eine Stunde, besonders bei Absolventen oder bei solchen Kollegen, bei denen Direktoren Probleme signalisierten. Man nahm an den Abschlußprüfungen teil, untersuchte Schülerarbeiten. Man nahm an den Fachzirkeln der Schulen teil, wertete mit Kollegen Beobachtungen aus und versuchte mit ihnen ins Gespräch zu kommen und zu beraten, wobei man selbst oft Anregungen bekam, die man weitergeben konnte. Zu all diesen Fragen war man dem Direktor des Kreiskabinetts und dem Schulrat auskunftspflichtig, oft wurden Analysen und Berichte verlangt. Gelegentlich wurden auch gezielte Einschätzungen gefordert: Wer kommt fachlich für einen Einsatz an der EOS in Frage, für eine Delegierung an eine PH und ähnliches. *Einfluß* hatte man mit diesen fachlichen Einschätzungen aber kaum; mehrfach erlebte ich, daß empfohlene Leute *nicht* eingesetzt wurden und daß Ungeeignete nicht aufzuhalten waren. Die Kreisleitung der SED als Ratgeber, die militärische Vergangenheit des Betreffenden; *das* waren gewichtigere Argumente als die fachliche Einschätzung durch den Fachberater. Immer ausgehend von Unterrichtsstunden, die er erlebt hatte, von Prüfungen etc., rein fachliche Beurteilungen also. Wobei ich nicht ausklammern möchte, daß da das Wort vom „weiten Stoffbegriff" umging, ideologische Wirksamkeit des Unterrichts gefragt war, aber hier war Spielraum für die Verantwortung des Fachberaters. Du konntest gierig nach dem Klassenstandpunkt des Lehrers suchen, ihn anschwärzen, du konntest dich aber auch mit Augurenlächeln auf den Namen deiner Funktion berufen.

Gab es Fälle, daß dir von Vorgesetzten ans Herz gelegt wurde, etwas oder jemanden auf bestimmte Weise zu behandeln?

Das mag überall unterschiedlich gewesen sein, sicher auch abhängig von Personen. *Ich* habe, von einer Ausnahme abgesehen, weitgehend selbständig arbeiten dürfen, natürlich gebunden an jeweilige Schwerpunkte. Jedenfalls hat mir niemand verwehrt, daß es mir stets um fachliche Kompetenz, fachliche Qualität ging. Ich habe auch KollegInnen „in Schwierigkeiten gebracht", wo ich es aus fachlicher Sicht für unvermeidlich hielt. Diese Schwierigkeiten hielten sich leider in Grenzen, weil es „nur" um Fachliches ging. Zum Beispiel erinnere ich zwei Kolleginnen, die bei den Abschlußprüfungen Unfähigkeit und Betrug erkennen ließen. Da ihre Schüler blendende Ergebnisse hatten, las ich alle Prüfungsaufsätze – gegen die Spielregeln, meist wurden die Kollegen mit *schlechten* Ergebnissen kontrolliert –: Es waren so viele Fehler übersehen worden, daß eine Vielzahl von Schülern eine um 2 Grad zu gute Note erhalten hatte, manche sogar eine 1 statt der laut Fehlerzahl erreichten 5.

Oder ich erlebte mündliche Prüfungen, bei denen Schüler ihre Aufgaben seit Tagen kannten. In solchen Fällen beantragte ich Disziplinarverfahren, solche Kollegen oder Kolleginnen hätte ich gerne in andere Berufe geschickt. Ihnen passierte übrigens gar nichts, es ging ja nur um *Fachliches*.

Die Ausnahme: Mitte der 70er wurden wir zwei Deutsch-Fachberater vom Schulrat zu einer Kollegin geschickt und sollten befinden, daß ihr Unterricht nicht den Anforderungen entspräche. Sie wollte, wie wir erfuhren, einen BRD-Bürger oder einen Österreicher heiraten, hatte also einen Antrag auf Übersiedlung gestellt. Damals gab es ja für Ausreisewillige Kündigungen. Es war unmöglich, nicht hinzugehen, aber es geschah auch nichts, als wir keine Gründe fanden. Dennoch wurde sie Monate später entlassen oder kündigte selbst.

Und diese Frau konnte ihre mögliche Beurlaubung mit eurem Besuch in Verbindung bringen. Da hattest du also einerseits eine sinnvolle Arbeit, andererseits waren auch schwierige Entscheidungen zu treffen. Es war die Zeit, wo Solshenizyn verteufelt wurde, ich denke an „Archipel Gulag“. Spiegelte sich das wider, gab es etwa Eltern, die aufbegehrten? Wie konntest du dich äußern? Wo war die Grenze?

Im Unterricht waren Randbemerkungen möglich, Hinweise für interessierte Schüler; aber da mußte man ständig mit Mißverständnissen rechnen, mit Nachfragen zu Hause oder bei Kollegen. Also Vorsicht! Äußerungen von Eltern erinnere ich nicht, nicht in Elternabenden, auch nicht bei Elternbesuchen. Aber das mußt du nicht politisch deuten, da spielte die Schule, an der ich war, gewiß eine große Rolle. Ein Arbeiterviertel. Bücher sah ich bei Besuchen wenig. Und dann gerade „Dissidenten“? Die hätte man, wären die Namen gefallen, nicht gekannt oder hätte sie intellektuelle Spinner genannt, nur drastischer. Man hätte Gefährdung einer ordentlichen schulischen und beruflichen Entwicklung gewittert, zumeist war Anpassung gefragt.

Gespräche über solche Themen hatte ich mit Kollegen, bei denen ich hospitierte; nach einiger Zeit glaubte ich zu wissen, mit wem das möglich war. Viele waren es nicht. Als später meine

Tätigkeit abrupt endete, fragte ich mich auch, ob unter den 20 bis 25, mit denen ich offen gesprochen hatte, einer zuviel war.

Wenn du in die Schulen gegangen bist, hast du da das Partei-abzeichen getragen?

Lange Zeit habe ich's vermieden. Noch als Parteisekretär wurde ich zuweilen vom Direktor vorwurfsvoll gefragt, ob ich mich etwa genierte, Mitglied der Partei zu sein. Was ja auch stimmte; ich glaubte ständig, mich bei Leuten entschuldigen, ihnen erklären zu müssen, warum nun auch ich... Kurzum: Mehrfach kritisiert trug ich's dann, wenn sich's nicht durch Verzicht auf Jacken o.ä. vermeiden ließ.

Und wie war die Reaktion? Änderte sich da etwas, veränderte sich vielleicht die Wahrnehmung, ein Fremdbild, bei anderen, bei dir? Du hattest doch selbst lange auf dieses Abzeichen bei Leuten geschaut; nun trugst du es selbst.

Ich kam mir mit dem Abzeichen irgendwie veralbert vor, fühlte mich wie verkleidet. Das klingt sicher extrem, aber da spielt wohl auch eine Rolle, daß ich ein Mißverhältnis zu allen Abzeichen, Fahnen, Verkleidungen habe, ausgenommen jenes Kreuz in jungen Jahren. Und 1988/89 trug ich gelegentlich die Anstecker mit dem Gorbatschow-Bild, geborgt vom Sohn; aber da wollte ich *provozieren*, auch *bekunden*. Das Parteiabzeichen als Zeichen der Zugehörigkeit aber empfand ich als Stigma bis zu dem Tag, da ich es ablegen mußte-durfte...

Und deine Frau, Margret? Hat sie das alles akzeptiert oder als Widerspruch empfunden?

Den Eintritt hielt sie nach vielen Gesprächen und in Kenntnis all meiner Überlegungen wohl für richtig, verstand *mich* zumindest. Und schließlich hat sie diese neue Situation, nach einer Zeit, die sie brauchte, zu akzeptieren und sich zu gewöhnen, sogar als wohltuend empfunden: *Endlich* einmal gab es nicht ständig neue Konflikte, die ja auch die Familie belastet hatten, endlich mußte sie nicht andauernd neue Berichte fürchten, von Aussprachen, Andeutungen, Drohungen usw. So hat sie erst einmal aufgeatmet, als das vorüber schien, anscheinend war der Gang übers Eis beendet. Das war wichtig. Du weißt: Margret war beruflich auch stark belastet. Wir haben zwei Kinder, Gabi schickte sich damals an, zur EOS zu gehen, Michael in seiner Lebhaftigkeit beanspruchte Margret sehr, denn ich kam ja meist erst am späten Nachmittag nach Hause. Ich denke, daß ihr Aufatmen normal war –, daß sie froh war, wenn sie nicht immer auf Überraschungen gefaßt sein mußte. Außerdem war ich für sie *derselbe* geblieben, sie kannte die Gründe meines Handelns und wußte, daß ich mich nicht etwa an diese Partei verkauft hatte.

Und deine Eltern? Gerade bei ihrer christlichen Gesinnung, ihrem ganz anderen Engagement?

Da gab es anfangs schon Diskussionen, denn sie erlebten Staat und Partei zumeist als negativ, all diese Doppelzüngigkeit in der sogenannten Kirchenpolitik. Und sie kannten *meine* Erfahrungen mit diesem Staat. So verstanden sie meinen Schritt nicht recht, sie glaubten mir meine Motive, aber sie billigten sie nicht. Vielleicht ahnten sie auch neue Komplikationen, denn sie kannten ihren Sohn. Gewiß spielte es auch eine Rolle, daß all die Tiefschläge in meiner Entwicklung gerade ihnen nicht gleichgültig gewesen waren. Sie selbst Arbeiter, immer schwer gearbeitet, und dann will der Älteste zur EOS, studiert, fliegt raus, studiert wieder, wird selbst Lehrer an der EOS, fliegt wieder raus. Nun aber scheint er sich klüger verhalten zu wollen, scheint auch mehr an die Familie zu denken. So war ihre Haltung ambivalent – prinzipiell lehnten sie den Eintritt in diese Partei ab, aber sie fanden auch Positives daran. Jedenfalls verhielten sie sich tolerant. Und sie erlebten ja, daß ich nicht zu einem jener Genossen wurde, wie sie sie verabscheuten.

Wenn du dich jetzt an die Schulungen in der Kreisleitung erinnerst, die du beschrieben hast: Wo war da die Möglichkeit von Diskussionen? Wie hast du die Rolle dieser Staatspartei erlebt, auch deren Veränderungen? Ich frage das vor einem ganz bestimmten Hintergrund. Ich war ja auch Kandidat der Partei, aber ich hatte wenig Zeit für Beobachtungen. Eigentlich habe ich nur drei Parteivollversammlungen erlebt, drei Mal habe ich offen meine Meinung gesagt – eine vierte Möglichkeit gab es nicht mehr, da war ich schon ausgeschlossen. Das ging dann rasend schnell. Derjenige, der mir gesagt hatte, ich müsse ein Parteiabzeichen tragen, war übrigens ein MfS-Direktstudent, arbeitete ab 1976 als Leutnant in Jena; am Ende hatte er einen sehr hohen

Dienstgrad und arbeitete in der psychologischen Ausbildung von Stasi-Leuten in Potsdam. Als der also mir das damals sagte, war auch schon klar: Hier scheiden sich die Geister. Wie hast du all diese Jahre *überstanden? Ich frage deswegen so bohrend, weil ja äußerst interessant ist, was in diesen Jahren geschah, auch und vor allem aus der Sicht des einzelnen. Und: Wie unsere Vorstellungen und Absichten aufgingen bzw. nicht aufgingen! Da gibt es ja große Unterschiede. Ich finde es so wichtig, daß du auch Dinge berührst, die jetzt oft ausgespart werden. Spannungen, die unangenehm sind. Wie stellt sich denn das dar, Gang zur Kreisleitung, Schulungen... aus der Sicht des politisch Intellektuellen und vor allem im pädagogischen Bereich?*

Meines Erachtens sind da viele Vereinfachungen unterwegs. Ein Beispiel: Als Parteisekretär mußte ich 1975 oder 76 die Kreisparteischule besuchen, d.h. als Fachberater und bei voller Arbeit im Unterricht ein Mal wöchentlich einen Tag in den Unterrichtsräumen der Kreisleitung verbringen. Da saß ich zusammen mit einem stellvertretenden Schulleiter, Lehrer für Bio/Chemie, der heute eine Aufgabe im Schulamt hat, was ich gut finde. Wir waren von der Ausbildung her, wohl auch vom Intellekt, zumindest aber rhetorisch und was das Selbstbewußtsein betrifft, den meisten überlegen. Und wir haben dieses Gefühl von Überlegenheit gegenüber Dozenten und Seminarleitern ausgekostet. Wir machten uns ein Vergnügen daraus, kontrovers mit den bestallten Funktionären zu diskutieren. Oft gab es heftige Streitgespräche, zwei gegen einen; die anderen mögen sich zuweilen amüsiert haben. Und das *ging*. Wir nahmen Phrasen nicht hin, wir widersprachen. Wir wurden nicht rausgeworfen, sondern unterm Strich wurde uns eine Prüfung erlassen, auf dem Zeugnis stand „sehr gut", und kritisches Suchen und Engagement wurden lobend hervorgehoben.

Übrigens erinnere ich mich auch an die fast diebische Freude mancher Teilnehmer, wenn beamtete Funktionäre, Nomenklatura sozusagen, Fragen nicht beantworten konnten, in Redensarten flüchteten... In Zwickau waren das nicht selten ehemalige Bergarbeiter, nach 1945 „Berufsrevolutionäre", Parteiarbeiter, meist von geringer Allgemeinbildung, ausgerüstet mit jener speziellen Parteibildung: Geschichte der KPdSU, Geschichte der SED, Marxismus aus dem Lehrbuch, Marx, Engels, Lenin aus zweiter Hand. Sie waren berüchtigt wegen ihrer besonderen „Konsequenz" und Intoleranz. Ihr Vorbild war Weber, damals 1. Sekretär, später Stellvertreter von Lorenz in Karl-Marx-Stadt, inzwischen freiwillig aus dem Leben geschieden.

Wenn die also in Diskussionen einbrachen, dann lag da nicht nur die *Partei* im Streit mit zwei Fragern, die Fronten verliefen komplizierter. Oft waren auf der einen Seite die Parteibeamten, auf der anderen die, die täglich ihrer Arbeit nachgingen und aus den verschiedensten Gründen in diese Partei eingetreten waren.

Da beschreibst du Diskussionen und Typen, wie es sie wirklich gegeben hat, aber auch so etwas wie Ventilfunktion innerhalb der Partei. Es war also nicht so, wie vielfach in den Unterlagen der Stasi-Parteigruppen dargestellt, nach denen es solche Diskussionen nicht gab, nicht geführt werden durften. Ich war beim Lesen erstaunt, wie scharf die etwa in der Frage des Westfernsehens waren, obwohl sie doch Abteilungen hatten, die alles abhörten und bearbeiteten, obwohl sie sogar eine HVA* hatten, die noch ganz anders arbeitete. Aber so ein Ventil, von dem du erzählst, gab es bei denen nicht; eine Folge davon war auch eine Menge psychischer Erkrankungen. Da hast du es doch ein wenig anders erlebt.

Aber nur ein wenig, denn zum einen war das von Fall zu Fall unterschiedlich, zum anderen waren die Grenzen natürlich eng – der Hund kann den Mond ankläffen, beißen kann er ihn nicht. Und *doch* war es eben *nicht* so, daß der Apparat alles war und das Verhalten des einzelnen belanglos! Zum Beispiel mußte ich als Sekretär Monat für Monat Berichte für die Kreisleitung fabrizieren – über die monatliche Mitgliederversammlung, über das Parteilehrjahr. Ich bemühte mich um äußerste Kürze und formulierte Gemeinplätze, die ich meinen Schülern nie abgenommen hätte. Ging es um kritische Anmerkungen, vermied ich Namensnennungen. Es gab deswegen Vermahnungen, aber ich *wollte* ja auch kein Musterschüler sein. *Die* gab es freilich auch, und von denen bekam die Kreisleitung der Partei dann Namen von Nörglern, von Westfernsehern usw. Nur: Das war nicht allein in der Partei so, auch Klassenlehrer mußten an die Direktion Berichte liefern. Ich könnte durchaus Beispiele nennen, wo Schüler, ja ganze Familien angeschwärzt wurden – und nicht nur von Genossen

---

*Hauptverwaltung Aufklärung des MfS.

dieser Partei. Ich selbst mußte wegen der EOS-Aufnahme unseres Sohnes mit einem Direktor lange diskutieren und abwiegeln, weil die Deutschlehrerin Michaels Klassenaufsatz wegen ideologischer Mängel dem Direktor vorgelegt hatte. *Wachsamkeit*, wie das so schön genannt wurde, war Erziehungsprinzip. *Aber*: Das System war das eine, die Erfüllung solcher Forderungen ein anderes. „Die Partei" hatte nicht alles so im Griff, wie es jetzt oft dargestellt wird als Entschuldigung vor sich selbst. Vorauseilenden Gehorsam gab es nicht nur unter Schriftstellern, er grassierte auch in Schulen und anderswo. Oft hätte schon ein bißchen Schwejk'scher Witz genügt, Ziele zu unterlaufen. Toleranter Umgang miteinander hing doch von Personen ab, nicht nur vom System.

In den Schulen erlebte ich nicht selten: Je dümmer, ungebildeter solch ein Parteisekretär, Direktor usw., desto schärfer und gefährlicher. Leider stimmt das nur zum Teil. Es ist ja schließlich kein Zufall, daß Lessing nicht „Nathan der Gute und Dumme" schrieb!

Kurzum: Die Partei als den berühmten monolithischen Block gab es in der täglichen Arbeit nicht, den gab es ja kaum in Wandlitz.

Waren die Fachberater eigentlich alle in der Partei?

Du bringst mich ins Grübeln, man merkte es ja oft nur am Abzeichen. Mir fällt sofort einer ein, der *nicht* Mitglied war. Vielleicht waren's zwei, gar drei? Alle anderen – ja, gelegentlich ein „Blockfreund"; von denen ging die Sage, man habe ihnen zu einer Blockpartei geraten mit der Begründung, man brauche auch dort gute Genossen.

Am Ende deiner Parteizeit – also 1977/78 – hat es auch Auseinandersetzungen, Vorwürfe gegeben.

Die betrafen eigentlich nur indirekt politische Sachverhalte. Etwa meinen Hang, die Arbeitsergebnisse vorbildlicher Genossen abzuklopfen und damit mehrfach Aushängeschilder zu beschädigen, also Schädigung des Ansehens der Partei in Gestalt bekannter Genossen. Ich wurde zur Rede gestellt, zur klassenmäßigen Arbeit ermahnt – beim Schulrat, in der Abteilung Schulen der Kreisleitung. Vermahnt wurde ich auch wegen meines Skeptizismus in Fragen der Bildungspolitik. Partei und Volksbildung – Erich wie Margot – wollten ja immer, daß du siehst, wie es aufwärts und vorwärts geht. Meine Optik stimmte da nicht.

Du kennst das Milieu, kennst viele Lehrer, Biographien, Arbeitsergebnisse. Wenn du diese 70er Jahre zu bilanzieren versuchst, wie fällt das aus? Ausbildung von Lehrern, Bildung und Erziehung, Schule und Eltern...

Im fachlichen Bereich wie in Erziehungsfragen wurden die Probleme immer größer, die Kluft zwischen den Erfolgsmeldungen und der Realität wuchs auch im Bereich der Bildung. Ausbildung wurde immer mehr ideologisiert, Phrasen und Erfolgsmeldungen waren an der Tagesordnung. Die Zensuren in Abschlußprüfungen der Klasse 10 wie im Abitur hätten die Prognose gerechtfertigt, daß die Nobelpreise der 80er und 90er Jahre der DDR gehören. Fachliche Qualifikation – dabei überblicke ich aber vorwiegend Geisteswissenschaften und sprachliche Fähigkeiten – ließ immer mehr zu wünschen übrig.

Kannst du das belegen?

Natürlich nicht statistisch, mit Namen schon eher, aber warum? Jedenfalls fiel mir immer wieder auf, daß viele Leute in Dienstbesprechungen, Pädagogischen Räten etc. vorbereitete Diskussionsbeiträge *verlasen*, die freie Rede scheuten. Souveränität im Umgang mit der eigenen Sprache fiel als *Besonderheit* auf. Allgemeinbildung, zumindest die geschichtliche und kulturgeschichtliche Komponente davon, Kenntnisse zur Religion, Religionsgeschichte konntest du bei jungen Deutschkollegen, die dann „Nathan der Weise", „Prometheus", „Faust" u.ä. behandeln sollten, nur in Ausnahmefällen antreffen. Und seit *alle* Lehrerstudenten an den pädagogischen Hochschulen das Diplom erwarben, erschrak ich als Mentor immer wieder, wenn ein Schüler grammatische Zusammenhänge erfragte, die nicht in der Vorbereitung standen. Von der Orthographie ganz zu schweigen. Am meisten aber beeindruckte mich, daß die meisten das gar nicht als Defizit empfanden.

Diese wachsende Bescheidenheit, Genügsamkeit im geistigen Anspruch hatte natürlich gesellschaftliche Ursachen. Jeder merkte doch – ob Schüler, Student oder Bürger –, daß andere Werte zählten als Allgemeinbildung. Daß pädagogische Handwerker, Planerfüller mit guten Schülernoten konfliktloser lebten als Anspruchsvolle, der philosophische Kopf gar, das wußte der Student im ersten Studienjahr gewiß.

Nur: Jeder Handwerker kennt den Wert guten Werkzeugs, pflegt es, vervollständigt es. Hier aber wurden Bandarbeiter geformt; fähig, immer wieder die gleichen Kisten zu zimmern, aber kein Gesellenstück. Ich sage das nicht ohne Übertreibung, denn wie oft erschrak ich, wenn ich sah, daß wichtige Schriftsteller, westliche, europäische, nicht bekannt waren; Verslehre, Mythologie, Rhetorik, Weltreligionen, philosophisches Grundwissen fehlten, statt dessen: marxistische Schlagworte. Und diese Ahnungslosigkeit korrespondierte mit gesellschaftlich-pädagogischer Wirklichkeit. Allgemeinbildung und sozialistische Persönlichkeit, das verkam zur Phrase wie die Redensarten über wirtschaftliche Effektivität. Seit den 70er Jahren, ich sagte es schon, bestanden immer mehr Abiturienten das Abi mit Auszeichnung oder „Sehr gut". Eine 3 im Abitur verriet fast schon Aufsässigkeit und Kühnheit der *Lehrer*. Wie sollen Studenten hohe Anforderungen an sich selbst stellen, wenn ihnen 12 Jahre hindurch Mittelmaß in vorzügliche Leistungen umgemünzt wurde? Das war die Tendenz. Partei und Staat wollten Erfolge sehen, konstatierten sie im voraus, also wurden sie geliefert.

Eine andere Tendenz im schulischen Bereich: Man setzte – in Übereinstimmung mit den Lehrplänen – auf Ostrowski, Apitz, Weinert, Friedrich Wolf u.ä., gesicherte Klassenkampfliteratur also. Schon Volker Braun, Günter Kunert wurden ausgespart, obwohl sie in Lesebüchern mitunter vertreten waren. Eine bestimmte Literatur wurde kanonisch behandelt. Ich erlebte zum Beispiel Weiterbildung von Deutschlehrern an der PH Zwickau, Mitte der 80er: Selbst Christoph Hein, Günter Rückert, Monika Maron, Prosa von Volker Braun u.a. war vielen unbekannt. Sonderfall: Christa Wolf.

Selbstverständlich gab es Ausnahmen, immer wieder einmal. Ich traf junge Leute, Studenten, die gierig nach interessanter Literatur suchten, vieles kannten, Anregungen wollten. Aber die Tendenz war: Je grandioser die Zielstellungen und Einschätzungen, desto mehr Zeit und Mühe wurden darauf verwandt, Lücken zu vertuschen statt zu schließen. Ähnlich verlief die Entwicklung von Lehrplänen und Schulalltag: eine immer tiefere Kluft zwischen Anspruch und Wirklichkeit. Die Lehrpläne der letzten Jahre hätten Leser anderswo vor Neid erblassen lassen können.

Das in den *Plänen* beschriebene Abschlußniveau, gerade in Deutsch, könnte sich sehen lassen, wäre es nicht Utopie geblieben. Schlimm: Auf dem Papier, aus berufenen Mündern wurden die hehren Ziele als Realität beschrieben. Und viele wußten die Wahrheit und nannten sie eine Lüge...

Wie wurde die deutschsprachige zeitgenössische Literatur behandelt, nicht nur die der DDR, auch die der Bundesrepublik, Schweiz, Österreich, Siebenbürgen etc.? Und was aus der Weltliteratur stand im Lehrplan? Was konnte darüber hinaus gemacht werden? Was hast du selbst in deinen Klassen angeregt?

Zuerst zum Lehrplan. Selbst bei großzügigster Auslegung des Begriffs Gegenwartsliteratur – sie *wurde* stiefmütterlich behandelt. Fragwürdig die Auswahl, ideologisierend. Wichtig war vor allem der Transport sozialistischen Gedankenguts. Kostpröbchen gab es von vielem, z.B. in Heften mit Ergänzungslesestoffen, aber die wurden oft ein Opfer des Grundübels vieler Lehrpläne: Tempo war angesagt, Sturm auf die Höhen der Wissenschaft; für Tiefgründigkeit, Solidität selten Muße. Fand ein Lehrer nicht durch Zurücksetzung von anderem Extra-Stunden dafür, hörten Schüler nicht einmal die *Namen* Frisch und Dürrenmatt, Böll und Grass, Hochhuth und Lenz..., von Solshenizyn und Biermann ganz zu schweigen. Bemühte sich aber einer darum, so hatten die Schüler keine Texte. Ich habe mich gewiß immer wieder bemüht, aber mehr als Anregungen, Einblicke konnte ich nicht geben. Sieht man von der Klassik ab, so war die wichtigste Leitlinie durch alle Schuljahre die antifaschistische Literatur; du kennst den Kanon noch: Becher und Weinert, Seghers und Apitz, Renn und Bredel, Friedrich Wolf und Brecht zum Beispiel, dazu gab es unzählige Geschichten und Gedichte schon in Lesebüchern ab Klasse 3. Dagegen ist wenig zu sagen, soweit es politisch-moralische Wertungen betrifft; ästhetische Wertungen traten ohnehin zurück. Aber schlimm war die Einseitigkeit: Die „Guten" kamen fast immer aus der gleichen Ecke.

Ich habe als Schüler einmal in den Ferien für einige Wochen in einer Wurstfabrik gearbeitet; am zweiten oder dritten Tag aß ich – 1952! – 16 Bockwürste in einer Schicht. Nach vier Wochen hätte ich selbst gegen Bezahlung keine einzige mehr essen können. Unseren Lehrplanverfassern bzw. ihren ideologischen Oberhirten schien diese Erfahrung zu fehlen. Selbst bei literarisch interessierten 16jährigen entstand nach und nach eine Barriere zu antifaschistischer Literatur, auch gegen wertvolle Literatur zu dieser Thematik.

In den genannten Ergänzungslesestoffen mit neuerer Literatur dominierten Autoren, die von reinstem Provinzialismus zeugten: Neutsch, Sakowski, der NVA-Barde Flegel, aber auch Kant, Werner, Edel... Du erkennst, die DDR war nicht nur im Sport führend. So formt man DDR-Nationalstolz, oder glaubte es zumindest: Leseland DDR – Schreibeland DDR.

Es war zwar auch möglich, sogar empfohlen, Christa Wolf, Ulrich Plenzdorf u.a. vorzustellen, in Lesebüchern kam Volker Braun vor, S. Mensching, Außenstehende wie Diggelmann, Cardenal u.a., Zeilen von Peter Weiss, Jewtuschenko... In Klasse 11/12 sogar ein *ganzer* Böll, Dürrenmatt im Zusammenhang mit Brechts „Galilei" u.a. Aber *ein* Ziel war allen Plänen immanent: Die Spur des Weltgeistes führte von Prometheus über Spartacus und Müntzer zur deutschen Klassik, die spätestens mit Fausts letzten Worten die DDR ins Blickfeld rückt. Sie alle waren *unser*! Auch Weggenossen aus anderen Ländern waren interessant. Sündigten sie aber politisch – man denke an 1968 –, wurde ihnen die Lizenz des bedeutenden Schriftstellers entzogen.

Die Folgen spüre ich *jetzt*, 1990/91, an der EOS, in den Klassen 11 und 12. Die Frage nach Schriftstellern der alten BRD, nach modernen Franzosen, Engländern usw. geht bei 90% der Schüler, intelligenten, interessierten Leuten, ins Leere. *Sie* sind die Opfer dieses Provinzialismus, der Ära Margot Honeckers.

Ideologische Wirksamkeit, Literatur als Transportmittel bei der Erziehung zum Klassenstandpunkt, das war das Konzept, auch wenn die Pläne in den letzten Jahren vieles ästhetisch verbrämten. Kultur im Schatten der Mauer.

Und was wurde mit dem Begriff Weltliteratur?

Wieso? Er wurde *hochgehalten*! Er *stammt* ja von einem der Unseren. Keine Sonntagsrede ohne Weltoffenheit, Weltkultur, Weltliteratur. Im Ernst: Sie kam ja vor, in Lehrplänen und in der Realität: Sophokles und Homer, Shakespeare und Defoe, Hugo und Balzac, Gorki und Aitmatow, Hemingway und Neruda... Sicher, für den Literaturbesessenen nie genug, aber das ist wohl kein spezielles Problem des Literaturunterrichts hier gewesen, da hat man wohl auch anderswo zu grübeln. Da kommt es auf die

Anregungen an, die Atmosphäre in der Klasse, der Schule –, und immer bleiben viele außen vor.

Unsere Besonderheit: Die Einordnung von Weltliteratur nach außerliterarischen Kriterien; die trotz schöner Lehrplansentenzen verbreitete soziologische Betrachtung von Literatur.

Es wurden ja nun ständig Autoren aus dem Lande gedrängt bzw es bahnte sich schon an. Es gab negativ-feindliche Personen unter den Autoren, wie es in den Stasi-Berichten heißt. Gab es zum Umgang mit denen eine Dienstanweisung, Anweisungen für Fachberater, Hinweise, was auf keinen Fall behandelt werden dürfe? Erinnerst du dich, daß jemand etwa ein Kunze-Gedicht doch behandelte? Gab es so etwas? Wie muß man sich das vorstellen – wie stark wurde kontrolliert, wie groß waren die Freiräume?

Ein Feld, das man vielleicht nie ganz überblicken wird; zumindest muß man sehr vorsichtig sein mit Verallgemeinerungen. Ich selbst beispielsweise habe Mitte der 70er, bevor du ausgebürgert wurdest, Gedichte von dir aus den „Offenen Fenstern" vorgestellt. Ich habe aus jenem schon genannten Reclamheft sogar Gedichte von Reiner Kunze als Aufsatzthemen verwendet. Das konnte dank allgemein verbreiteter Ignoranz geschehen. Wer kannte denn Kunze, gar Fuchs? Leider und zum Glück! Zum anderen: Ich mußte die Namen ja nicht ins Klassenbuch schreiben, da stand dann: „Moderne Lyrik", Interpretationsübungen. Hätte ich die Namen aber eingeschrieben, hätte das auch noch nichts bedeuten müssen. Es kam vor, daß ich für Stunden, die Kollegen einzutragen vergessen hatten, als Klassenleiter einschrieb: „Stunde wurde wirklich gehalten" – Signum. Ich wurde nie zur Rede gestellt deswegen, denn die *Vollständigkeit* aller Zeilen und Unterschriften wurde kontrolliert, der Inhalt nur ausnahmsweise. Der Bürokratie zählt die Form. Das heißt: Zufällig hätte man Solshenizyn usw. ohne Folgen vorstellen können, aber zufällig konnte auch der Vater, die Mutter eines Schülers in der Kreisleitung der SED anrufen, weil sie ein Brecht-Gedicht für staatsgefährdend, sozialismusfeindlich o.ä. hielten. Ich habe beides erlebt: Beklemmung, weil ich in Stunden auf Schriftsteller eingegangen war, die tabu waren, Furcht vor den Folgen – und nichts geschah. Und dann eine belanglose Äußerung über einen DDR-Schriftsteller und den Alkohol, über Brecht und die Parteilosen…, und plötzlich saß ich in einer Aussprache und mußte mich rechtfertigen.

Als Fachberater habe ich mit Kollegen über Kunze, Biermann, dich u.a. gesprochen, natürlich nicht mit allen, instinktiv ausgewählt. Aber natürlich hat nie jemand von denen gerade in einer hospitierten Stunde dergleichen als Gegenstand gewählt. Ich hätte es wohl auch nicht gemacht. Warum? Selbstschutz, den anderen nicht in Schwierigkeiten bringen wollen; die Hospitation hatte ja immer einen offiziellen Anstrich, oft war der Direktor dabei.

Aus all diesen Gründen glaube ich, daß man heute schwer ermitteln kann, wer von den tabuisierten Schriftstellern in Schulstuben gelegentlich doch zu Wort kam. Es war auf Grund der Einzelkämpferposition des Lehrers in der Stunde möglich, aber es war riskant; es kam wohl vor, aber es war gewiß die Ausnahme.

Außerdem, wenn du als Fachberater kommst, noch dazu mit Parteiabzeichen, und im Gespräch Biermann erwähnst, Kunze-Gedichte empfiehlst, dann bist du ja bei der Stasi! Das ist doch einleuchtend.

Zur Tagesordnung

Ich denke, daß nach Biermanns Ausbürgerung, dieser Nazi-waffe, im Grunde alle Integrationsversuche ad absurdum geführt waren. Ein Ende zeichnete sich ab. Die Honecker-Hager-Pseudoliberalisierung wurde zurückgenommen. Einige Bücher konnten sie nicht mehr zurücknehmen, auch die Entwicklung einiger, vornehmlich jüngerer Autoren nicht. 1976 Biermann, andere folgten, auch ich. Das war doch eine geplante Kampagne: Biermann rausschmeißen, andere verhaften, Kunze rausdrängen, bis viele „freiwillig" gegangen sind. Später auch deine Geschichte in diesem Zusammenhang.

Wie hat die Partei, wie hat Schule auf die Ausbürgerung reagiert? Mußten vielleicht Unterschriften geleistet werden wie 68, gab's Schüler, Kollegen, Eltern, die sich wehrten, nachfragten?

Das alles kennen und dann im Verein bleiben!, das ist doch sicher ein wahnsinniger Konflikt gewesen?

Oh ja, so sehr, daß selbst das Sich-Erinnern quält. Belastend war schon allein die Zuspitzung der kulturpolitischen Situation; dann die bedrückende Erkenntnis, nun *überdeutlich*, daß der Eintritt in die Partei ein Fehler war, alle Hoffnungen und Vorsätze törichte Träumereien.

Dann jenes Konzert*und die Folgen. Natürlich haben wir's gebannt verfolgt, warteten auf Reaktionen, versuchten welche zu provozieren. Die Mehrheit hatte es nicht gesehen, andere blockten ab, wollten das Thema nicht. Einige sprachen von Unverschämtheiten, die sich *kein* Staat bieten lassen würde. Von der Partei kamen die Meldungen und Kampagnen der Parteipresse, sonst eigentlich nichts. Du mußt bedenken, daß ein Großteil der Genossen gar nichts von Biermann kannte, andere nur den Namen, die wenigsten wußten etwas damit anzufangen. Also wartete die Obrigkeit ab, was geschieht, zumindest hier in der Provinz; intern sicher Alarm, aber keine Sirenen. In der Schule Diskussionen in der Parteileitung. Ich wurde gefragt: Du weißt doch mehr über den, kennst seine Sachen – erzähle! Ich versuchte es mit Biographischem – der Vater, die Familie, der Weg in die DDR, Lehrer wie Eisler... Scheinbar wurde mir abgekauft, daß ich die Ausbürgerung für falsch hielt; ich konnte über einzelne Lieder sprechen, andere für die Folge des Auftrittsverbots, der Ausbürgerung erklären. Kopfschütteln, dann Abbruch des Themas. Stellungnahmen, Unterschriften und dergleichen gab es nicht; die Devise hieß: Zur Tagesordnung übergehen! In wenigen Wochen wird kein Mensch mehr über Biermann reden... Auf Schülerfragen sollten wir *parteilich* reagieren, ansonsten den Namen nicht hochspielen.

Ich habe mich im Unterricht geäußert, Biographie, Texte erklärt – Meinungsbildung freigestellt. Zugegeben, weiter bin ich nicht gegangen, nicht in die Öffentlichkeit, keine Protesterklärungen. Das hatte nicht nur mit Taktik zu tun, mit Vorsicht, sondern auch mit meinen noch nicht überwundenen Vorstellungen von Veränderungen hier im Land. Streit mit dem Direktor, der mich als liberal beschimpfte, aber keine Folgen.

Folgen spürte ich dennoch: *in* mir. Nächtelang grübelte ich, ob ich nicht endlich dieses Parteibuch hinwerfen müßte; ich sprach mit Margret darüber. Heute verachte ich mich mitunter, weil ich's

---

*Biermann- Konzert 1976 in Köln, Anlaß für seine Ausbürgerung.

nicht getan habe. Damals schien mir der Konflikt unlösbar: Die Familie, die Kinder, Gabi besuchte die EOS, wollte Psychologie studieren, mein Beruf – auf der anderen Seite eine Art von Opposition, die ich damals für völlig aussichtslos hielt! Kurzum: Ich wählte den faulen Kompromiß, so sehe ich das heute. Da zählen meine Meinungsäußerungen im Gespräch, auch im Streit nicht.

Aufschlußreich finde ich das Vorgehen der Machthaber. Noch 1968 war ja einstimmige Zustimmung in solchen Fällen eingeholt worden, mit der klaren Konsequenz: Wer nicht, der raus! Jetzt aber, wo relativ klar war, daß die so leicht nicht mehr zu kriegen ist, verzichtet man darauf. Man hat zum Beispiel auch bei meinen Verwandten, meiner Schwester, meinem Schwager, die ja beide Lehrer sind, darauf verzichtet. Meinen Schwager hat man gefragt, wie er das ganze findet. Er sagte nach der Biermann-Ausbürgerung und nach meiner Verhaftung, er sei überzeugt, daß man einen humanistischen Weg der Bewältigung finden werde. Da hat man nur gelächelt – oder gegrinst, und das war's dann. Er hatte sich so ausgedrückt, daß ich natürlich auch lächeln mußte, als ich's hörte, aber man hat auch nicht nachgehakt. Dann hätte meine Schwester sicher gesagt, daß sie sich vom Bruder nicht distanziert; sie hat das später vielfach gesagt. Und auch das wurde hingenommen.

Und mir wurde abgenommen, daß ich Biermann von seiner Biographie her, von konkreten Texten her verteidigte – natürlich nicht gerade vom Stasilied, von Attacken gegen Sindermann und so –, daß ich in der Art diskutierte: Es müsse doch nachdenklich machen, daß ausgerechnet *echte Linke* unsere Opfer, engagierte junge Leute wie du ausgegrenzt würden. Das wurde angehört, teils kopfschüttelnd, teils mit der Bemerkung: „Intellektueller liberaler Spinner." Aber es begann nicht das Sortieren in weiße und schwarze Schäfchen, offiziell jedenfalls nicht.

Da lag die Schwelle wohl inzwischen höher, da hätte ich schon in der Öffentlichkeit auftreten, Unterschriften sammeln müssen. Das habe ich leider nicht getan.

Heute weiß man manches besser, das ist hinterher immer so. Ich jedenfalls habe gegrübelt damals, eigentlich ununterbrochen, bis ich etwa zwei Jahre später sowieso ausgeschlossen wurde.

Wie alt war Gabi damals? Und wie hat sie das ganze aufge-

nommen? Hat sie sich eine Meinung gebildet? Sicher war es ja auch für sie mit Konflikten verbunden.

Natürlich. Gabi ist 62 geboren, war also 76 gerade in die EOS gekommen. Wir haben zu Hause über alles geredet; dich hatte sie als Kind kennengelernt, war beeindruckt vom dichtenden Jüngling, der sich mit ihr unterhielt, sie ernst nahm. Nun mußten wir sie auffordern, ehrlich zu bleiben, dich zwar nicht zu verleugnen, aber auch im rechten Moment den Mund zu halten. Anders und selbstkritischer: Wir haben ihr auch erklärt, welche *Folgen* bestimmte Äußerungen haben könnten, haben jugendliche Spontaneität verbogen, Kosten-Nutzen-Denken gepredigt. Ich muß aber auch sagen: Sie ist in Schule, Studium, Beruf alles andere als ein Duckmäuser geworden, hat sich engagiert mit Risiko. Vielleicht haben wir auch daran eine Aktie?

Die Konflikte verschärften sich, die Situation wurde brenzlig für dich. Immer hattest du politisch und fachlich zu tun versucht, was du gerade noch für möglich hieltest. Aber nun begann ja eine Koexistenz- und Schuldgeschichte, so will ich es mal nennen. Wenn du über Alternativen nachgedacht hast, über die Ausgebürgerten, Exilierten, kam dir nie der Gedanke der wirklichen Emigration statt der inneren? Als wir einmal davon sprachen, hast du das rasch abgetan. Woher rührt diese Haltung, das Thema Exil so rigoros zu verdrängen?

Da kommt vieles zusammen, vielleicht bleibt es für Außenstehende, vielleicht schon für dich unverständlich, warum einer trotz immer neuer Konflikte so hartnäckig blieb.

Für mich stand immer, noch bis zum Herbst 1989 fest: In einem Land mit 16 bis 17 Millionen Menschen, in dem ich von Berufs wegen Überzeugungen, Verhaltensweisen formen wollte, konnte, habe ich auch die Verantwortung, das zu tun. Ich dachte immer, daß es niemandem nützt, wenn gerade die, die etwas verändern möchten, weglaufen, alles hinwerfen. Immer wieder Neuansätze wagen, listig, seine Arbeit tun, wie man sie versteht – das war mein Credo.

Natürlich weiß ich inzwischen auch, daß gerade das Weglaufen vieler vieles ins Rollen brachte. Ich habe das damals nicht geglaubt, und es entsprach nicht meinen inneren Möglichkeiten; da waren Sperren.

Natürlich ist das ein ganz alter Konflikt, denk an „Die Pest" und ähnliches.

Ja, ich weiß. Aber ich suche jetzt nicht nach Legitimation für mein Verhalten. Für mich spielte der Konflikt mit den Mächtigen immer eine Rolle, spätestens seit meinem Rausschmiß beim Studium; und immer habe ich den Gedanken ans Weggehen weit von mir gewiesen, ich wäre mir schäbig vorgekommen. Und natürlich spielt eine Rolle, daß ich an die Möglichkeit des Aufbrechens dieses Systems von innen heraus zu glauben suchte, wir haben oft darüber diskutiert. Auch zur Zeit der Biermann-Ausbürgerung und deiner Verhaftung beschäftigte mich die Frage, wie man die Arbeiter, die „kleinen Leute" für dieses Ziel gewinnen könne. Und ich setzte auf die Erziehung junger Leute und die Zuspitzung ökonomischer Konflikte. Biermann, du, andere schienen mir diese Leute nicht zu erreichen; und ich hatte gelernt, daß die Theorie die Massen ergreifen muß. Ich dachte auch, ihr schätzt Veränderungsmöglichkeiten und -willen falsch ein, meinte, Veränderung werde viel länger dauern. Zum Glück habe ich mich geirrt. Aber mein Handeln hat es beeinflußt.

Das ist ja eine alte Diskussion zwischen uns. Die wurde schon damals und heute erst recht auf zweierlei Weise beantwortet:

Erstens: Wer hat schon das Privileg realistischer Einschätzung der Lage? Da muß man sich austauschen!

Zum zweiten: Da ich schreibe und diesen Beruf habe – beim Psychologen liegen die Dinge ähnlich wie beim Schriftsteller –, kann ich keine Kompromisse machen.

Außerdem: Was sich wie ändert, da hatte ich seit 1973/74 andere Erfahrungen als du, mit ganz verschiedenen Gruppen, die Veränderungen wollten. Und der Ausgang der Geschichte, eigentlich schon die Ereignisse von 1968 und 1976, gaben Anlaß zu ganz anderen Überlegungen. Die Hauptbegründung aber, das sage ich subjektiv und ganz nachdrücklich, für mich, für Wolf Biermann: Keine Unterwerfung! Das war wichtiger als alle Wirkungskategorien!

Das verstehe ich, und nach meinen Erfahrungen sehe ich heute vieles ähnlich. Aber vielleicht hatten unsere unterschiedlichen Denk- und Verhaltensweisen auch mit Beruf und Tätigkeit zu tun? Hier der Schreiber, der Sänger – da der Lehrer? Während euch das Aussprechen, die subjektive Sicht, künstlerische Wahrhaftigkeit, die zugleich politische ist, die wichtigste Größe sein mußte, weil sonst der Beruf gegenstandslos wird...

Akzeptiert! Übrigens habe ich mehr und mehr Brecht wider-sprochen, seinen Wirkkriterien. Die wurden mir fragwürdig, haben mich dann auch empört! Der Einzelne wurde zum Wicht der Geschichte...

Trotz meiner engen Beziehung zu Brechts Werk verstehe ich das. Es ist gut und ermutigend, daß es Leute wie euch gab und gibt, denen Strategie und Taktik zweitrangig wurden. Als Schrift-steller muß man wohl so arbeiten, wir kennen die Folgen des Taktierens... Aber vielleicht ist es auch wahr, daß man als Leh-rer, als ein so leidenschaftlicher, wie ich es bin, von der einzel-nen Stunde bis zum Schuljahr und weiter auf Wirkung hin plant und gestaltet? Dazu kommt: Durfte ich Lehrer bleiben – was auch Kompromisse erforderte, leider – konnte ich in jeder Unter-richtsstunde, in jedem Gespräch mit Schülern, bei jeder Klassen-fahrt, durch jede Beurteilung vieles von ihnen abhalten, manches bewirken. War niemand anderer dabei, also in der Regel, konnte ich manches offen und ehrlich sagen. Hätte ich Kompromisse ganz abgelehnt, wäre hier weggegangen, hätte ich all diese Schüler den Rammlers und Börners, den Tümpels und Metzners überlassen. Heute denke ich anders über das Weggehen – und doch bleiben diese Bedenken. Übrigens glaube ich, daß nicht wenige Kollegen ganz ähnliche Konflikte durchgemacht haben. Die jetzt oft zu lesende Pauschalverurteilung von Lehrern als den Erfüllungsgehilfen des SED-Regimes ist eine schlimme Verein-fachung! Richtig ist aber auch, daß leider nur wenige spüren, daß sie eine Vergangenheit zu bewältigen, zu durchdenken haben. Und die, die eigentlich von sich aus den Dienst quittieren müß-ten, weil sie ihren Beruf verraten haben, die spüren's am aller-wenigsten.

Sicher hast du recht. In den verschiedenen Berufen ist Unter-schiedliches zu bedenken. Richtig ist aber auch zu sagen: Denk an dein Kind! Ich weiß aus Erfahrung, wie schrecklich es ist, beim Schreiben nicht ans eigene Kind denken zu dürfen. Ein schlimmer Konflikt. Du beschreibst ihn in deinem Beruf, auch da ist es so. Ich erinnere noch einmal „Die Pest". Da ist es ja nicht ein Autor, der im Pestbereich geblieben ist, sondern ein Arzt.

Eben. Unterschiedliche Perspektiven gibt es durchaus, auch wenn die Konflikte gar nicht so verschieden sind. Ich frage mich bis heute bei allen Selbstvorwürfen wegen fauler Kompromisse: Hätte ich das Feld wirklich denen überlassen sollen, die nachbeteten, skrupellos jede Anweisung ausführten, bestimmte Jugendliche aufs Abstellgleis schoben, den Erfüllungsgehilfen, Scharfmachern, Christenfressern?

Ich gebe zu: Wenn mir zuweilen Eltern sagen, daß ihr Kind unter den komplizierten Bedingungen ohne mich seinen Weg nicht so hätte gehen können, wie es ihn gegangen ist, dann beruhigt das meine Selbstvorwürfe. Aber Zweifel bleiben, ich hatte den Stein der Weisen nicht, habe ihn auch jetzt nicht gefunden, werde also weiterhin Fehler machen...

Biermann und ich waren uns in einem Punkt völlig einig – er und Havemann haben's seit 1965 praktiziert: Nicht freiwillig aus diesem Land gehen. Das haben wir auch durchgehalten. Fast ein Jahr habe ich im Knast gekämpft, diese Lösung auszuschließen: einpacken und gehen. Nein, den Fight liefern, es hier und dort sagen! Biermann hat es ja auch nicht nur dort, sondern lange, sehr lange hier gesagt. Bei mir ging dieser Kampf dann im Gefängnis weiter. Als ich aber sah, es läuft auf einen Prozeß mit Haftstrafe hinaus, da war dann mit dem Gehen die Freiheit der Artikulation zu retten. Du sagtest immer: „Auf den Güterboden gehen". Aber unser Weggang von hier und dein Weggang von der EOS 68, das waren doch die anderen, die haben uns gegangen. Das ist der Unterschied. Und die es anders machten, die wirklich einfach einpackten, die hatten auch ein Recht dazu. Und zweitens bleibt die Frage, wer letztlich mehr bewirkt hat. Ich denke, dazu gab es inzwischen auch eine Belehrung.

Ja, ich muß es zur Kenntnis nehmen. Im Nachhinein stellt sich vieles anders dar.

Für uns alle ja! So wie es für mich nach den langen quälenden Überlegungen, was ich nun im Westen anfange, eine Belehrung und Entdeckung war, daß ich eine ganze Menge Möglichkeiten hatte. Wie andere zur Kenntnis nehmen mußten, daß vieles, vielleicht alles oder zumindest das meiste für sie zu Ende war.

1977/78. Da geschah für dich Bedeutungsvolles. Du warst noch Lehrer, Fachberater, Genosse, Parteisekretär.

Sie hatten lange gewartet, hatten Gerüchte gestreut, IMs neben dir plaziert. Aber sie hatten dich verschont mit ihrem Zugriff. Es gibt Fälle politischer Verfolgung, wo einer, den sie als Kopf ansahen, *über Jahre nichts von ihnen hörte. Sie haben zwar eine ganze Menge gemacht, aber sie blieben unsichtbar, haben festgelegt, daß sie nicht zu ihm kommen. Nun aber kamen sie.*

Zunächst geschah nicht viel, mißt man es an dem, was man inzwischen von anderen weiß; für mich damals aber und für die Familie Folgenreiches. Wohl deswegen haben sich mir auch Details so eingeprägt, weil es lächerlich und beklemmend zugleich war...

Es geschah im September 1978; Kontakte zwischen uns hatte es nach deiner Verhaftung praktisch nicht mehr gegeben. Ich hatte einen Brief an Lilo geschrieben, hatte neben sehr persönlichen Bemerkungen auch geschrieben, daß Kontakte auf dem regulären Postweg, ständig von unliebsamen Leuten registriert, gewiß nicht sinnvoll seien, zumal Wesentliches sowieso nicht ausgesprochen werden könne.

Wir empfanden den Brief als Zeichen der Freundschaft und als Hinweis, daß du bisher noch nicht beehrt und belehrt worden warst!

So war's ja auch. Alles weitere erfuhren wir nur noch über deine Eltern, bis zur Ausbürgerung, bekamen auch Hinweise über Rundfunksendungen. Erfahren hatten wir alles noch in Reichenbach, von deiner Verhaftung, von deiner Ausbürgerung, davon, daß ihr – du, Lilo, eure Tochter – in Westberlin wieder zusammen wart. Seit November 1977 wohnten wir in Zwickau, ich arbeitete ja schon hier. Margret fuhr zur Arbeit nach Reichenbach.

Es war, wie gesagt, im September. Gegen 9 Uhr wollte ich die Wohnung verlassen, weil ich für 9.30 Uhr in irgendeiner Schule zur Hospitation angemeldet war. Als ich die Wohnungstür öffnete, stand direkt vor mir ein Verkehrspolizist, als habe er auf mich gewartet. Vielleicht wollte er gerade klingeln, jedenfalls ragte er plötzlich vor mir auf. Er fragte mich, ob mir der Trabant mit dem Kennzeichen... gehöre, und forderte mich freundlich auf, rasch zur Klärung eines Sachverhalts mit ihm ins VP-Kreisamt zu kommen. Als ich einwandte, weder ich noch der Trabant hätten etwas verschuldet, sprach er fast begütigend auf mich ein: Da sei auch nichts weiter, es beträfe andere, aber es gäbe da Fragen. Es sei alles schnell zu erledigen, wir könnten hinter dem Wartburg der VP fahren, den ich inzwischen auch gesehen hatte.

Nun gut, ich dachte an all die Polizistenwitze, machte gute Miene zum dummen Spiel – und mit einem Grünen mit weißer Mütze als Beifahrer fuhr ich los. Ich hatte zwar ein unbehagliches Gefühl, andere Nachbarn sind einem lieber, aber meine Angst galt eigentlich nur dem Zuspätkommen – ich bin doch zwanghaft pünktlich.

Wir fuhren zügig durch Neuplanitz und kamen ins Freie – du kennst die große Linkskurve, nicht weit von der Haltestelle des Linienbusses. Weit und breit keine Leute. Plötzlich fährt der Wartburg vor mir rechts ran, mein Fahrgast tut verwundert und fordert mich auf, anzuhalten. Und ich war immer noch ahnungslos... Als ich hielt, sah ich im Rückspiegel einen zweiten Wartburg, ziviles Gefährt. Deutlich erinnere ich mich, daß mit einem Mal die Beklemmung da war... schlagartig. So etwa muß eine Erleuchtung funktionieren. Und schon stieg ein älterer Mann aus dem Fahrzeug hinter mir, seriöse Erscheinung, kam an meine Tür, öffnete sie, sagte: Herr Hieke, steigen Sie bitte aus, kommen Sie in unseren Wagen! Wir müssen uns mit Ihnen unterhalten.

Für einen Moment nur hielt er mir diesen Ausweis hin, den ich von der Schule her kannte – bei Hakenkreuzschmierereien, aber auch bei Bewerbungen für militärische Berufe waren diese Herren zuweilen in der Schule. Er sagte: Um Ihr Auto brauchen Sie keine Angst zu haben, der Genosse fährt es weg – Sie bekommen es unversehrt wieder.

So stieg ich in den hinteren Wartburg, das Auto war voll besetzt, dort wurde mir noch einmal gesagt: MfS, wir haben mit Ihnen zu sprechen.

Mir wurde gesagt, ich solle mich nicht aufregen, brauche auch keine Angst zu haben. Sie wüßten von meinem Asthma, der Genosse neben mir sei Arzt, er habe alles bei sich. Dann, wir fuhren zur Reichenbacher Straße, dann stadteinwärts, machten sie mir Vorwürfe: Wieso ich meinen kleinen Sohn heute gegen 7.00 Uhr allein zur Schule geschickt hätte. Sie hätten ihn gesehen, und ich brächte ihn doch sonst immer mit dem Auto... Das stimmte, die Herren waren also bestens präpariert. Und ich hatte ihren Tagesablauf, ihren Plan sabotiert, weil ich heute erst später zur Schule fahren wollte, so daß sie schließlich die Verkehrspolizei bemühen mußten.

Die wollten dich außerhalb des Hauses. Du hättest ja noch etwas beiseiteschaffen können!

Wahrscheinlich war es so. Jedenfalls sagten sie nun, als ginge es um eine Plauderei, sie müßten bloß rasch noch einige organisatorische Fragen klären: Was passiert, wenn Sie nicht zum Dienst kommen? Was haben Sie heute dienstlich noch vor? Was geschieht, wenn Sie 13.00 Uhr nicht zur Besprechung beim Schulrat erscheinen? – Sie notierten alles und erklärten mir, sie würden sich kümmern, ich würde überall entschuldigt – was übrigens auch geschah, Arzt und angebliche Krankenschwester hatten mich entschuldigt –; bedrückend war, daß sie auch fragten, wie meine Frau wohl reagieren würde, wenn ich nicht nach Hause käme, wenn die Kinder allein blieben. Da wußten sie nichts zu organisieren, wollten's auch nicht. Mehrfach sagten sie, es ginge um eine Unterhaltung, aber die könne eben auch lange dauern, sehr lange sogar. Einer lächelte und sagte, ich solle mich nicht etwa für verhaftet halten. Sie hätten die Wahl gehabt, aber sie hätten sich für die Unterhaltung entschieden. Was sich natürlich nachträglich noch ändern ließe...

Während dieses Gespräches ging es erst stadteinwärts, dann rechts ab und später in Richtung Lengenfeld: So kamen wir bis zum Waldhaus Ebersbrunn; zu meiner Überraschung bogen sie dort in ein kleines Waldgrundstück ab, in dem sich mehrere Bungalows befanden. Unter einem der Bungalows war eine Tiefgarage; erst da durfte ich aussteigen. Von der Garage ging es über eine schmale Treppe in eine Diele und einen Wohnraum. In jenem Raum verbrachte ich den ganzen Tag, abgesehen von einem Ausflug, von dem noch zu reden sein wird. Nebenan war offenkundig eine Küche, in der sich Leute unterhielten; ein großes Fenster ließ mich auf eine Terrasse und in Richtung Lengenfeld schauen. Ich sah Felder und die kleine Brücke, die oberhalb vom Waldhaus über die Lengenfelder Straße führt.

Plaziert wurde ich auf dem Sofa, rückenfrei, Blick zu Tür und Fenster. Fast immer drei Leute bei mir, häufiges Kommen und

Gehen. Einer ging auf der Terrasse auf und ab, am Abend sah ich die glimmende Zigarette wandern. Der im Auto das Wort geführt hatte, war meist zugegen, führte auch meist das Gespräch. Andere nur zu bestimmten Themen.

Wurden Namen genannt?

Namen fielen nicht, meiner schien allen bekannt. Der Boß bzw. die beiden, die sich so benahmen, schienen älter als ich, um die 50 damals, vielleicht älter. Gesagt wurde mir, sie seien nicht aus Zwickau, das sei bei ihnen nicht üblich. Im Herbst 89 erfuhr ich, daß einer Oberst Nagel, Chef der Stasi in Zwickau, gewesen sei. Ein anderer war irgendein hoher Offizier aus Karl-Marx-Stadt; den habe ich im Herbst 89 wiedergesehen, als ich meine Bücher und Schallplatten zurückgefordert hatte. Ein anderer sprach Berliner Dialekt.

Das Grundstück war eingezäunt. Ungesehen hereinkommen konnte da niemand, außerdem sah ja alles völlig unverfänglich aus. Das Auto stand im Keller, ein Rauchender auf der Terrasse. Alles war stinknormal, fast spießig: Einheitstapete, Sofa und Sessel mit Cord bezogen, ein Nachtspeicherofen. Aus der Küche brachte man Kaffee, mittags eine Bockwurst. „Es kann ja heute sehr spät werden!"

Nachdem noch einmal diskutiert worden war – auch meine Meinung war gefragt –, ob meine Frau wohl zur Polizei oder eher zu Freunden gehen würde, wenn ich am Abend nicht nach Hause käme, begann das sicher genauestens geplante Programm. Zunächst sollte ich erklären, ob ich mir denken könne, warum… Ich konnte nicht. Man lieferte Stichworte: Vielleicht Zwickau? Da sei ich doch nicht immer gewesen. Reichenbach? Dort vielleicht? EOS? So käme man der Sache doch näher. Schüler vielleicht? Jürgen Fuchs? Na also! So rein sei meine Weste doch gar nicht, und so ahnungslos sei ich auch nicht… All das in einer eigenartigen Mischung von Zynismus, Arroganz, väterlichem Wohlwollen.

Und wie hast du dich dabei gefühlt? Angst? Oder auch Erleichterung? Das gibt es ja.

Angst wäre falsch, Beklemmung trifft vielleicht. Und angestrengte Aufmerksamkeit, geistige Anspannung – wie beim Schach: Was kommt jetzt, wohin zielen die, was ist zu sagen? Und im Hinterkopf: Margret, die beiden Kinder!

Erstaunt, immer noch, registrierte ich, wie perfekt alles geplant war: Eine Krankenschwester solle beim Schulrat anrufen, ein Arzt in der Schule. Jemand müsse aufpassen, daß die Frau keine Dummheiten mache...

Und allmählich kam man zum Thema: Es ging um dich und mich, mich und dich. Jener Herr aus Karl-Marx-Stadt führte zunächst das Wort, andere mischten sich ein, teils sachkundig, wenn es um Literatur und Leute ging, teils überaus dümmlich. Mir überließen sie die Feststellung: Es geht also um Jürgen Fuchs. Hämisch grinsend, weil ich endlich begriff.

Ich vermag mir nicht mehr alle Gesichter deutlich vorzustellen, geblieben ist dieses überhebliche Grinsen, diese Zufriedenheit und Selbstsicherheit. Dieses Begütigende, wie ein Arzt zum ängstlichen Kind: Nun sehen Sie, Sie wissen doch sehr gut, Sie kennen doch unser Anliegen. Sie haben doch auf uns gewartet, unser Gespräch war doch längst überfällig...

Dann wurde ich aufgefordert, schön ausführlich meine Entwicklung deutlich zu machen. Zwischenfragen bewiesen, daß das nicht nötig war. Die Herren wußten alles besser, als ich mich mitunter erinnerte: Junge Gemeinde, Studium, Bloch, Mayer, die Diskussionen nach Ungarn, nach dem XX. Parteitag, Disziplinarverfahren, Altenberg und der Streit mit dem Parteisekretär... Gesprächsgegenstand war auch, ob und inwieweit ich mit Bloch, Biermann... übereinstimmte. Dann alles aus der Reichenbacher Zeit, Rammler, Kießling, Dr. Börner, Uebel. Jeder Name wurde mit einem verständnisvollen Lächeln quittiert. Eingehakt wurde bei Namen wie Bloch, Mayer, bei deinem natürlich: Da besitzen Sie doch sicher Bücher? Welche Bücher noch? Wie viele Schallplatten von Biermann? Verschweigen Sie nichts, wir finden alles!

Wie hast du dich da verhalten? Hast du die Wahrheit gesagt? Ja. Vielleicht war das falsch, darüber habe ich oft nachgedacht. Mir fehlte die Übung, und sie ließen mich des öfteren wissen, eine Hausdurchsuchung sei ohne weiteres möglich, aber so sei es doch einfacher... Der Preis würde sonst auch immer höher! Und ich wußte ja, mußte immerzu daran denken, daß bei mir alles zum Greifen in Regalen und Schränken stand, ein Biermann-Band auf dem Tonbandgerät. Der Androhung einer Durchsuchung glaubte ich sofort, und im Laufe dieses Tages schien mir sowieso *alles* möglich...

Gegen 15.00 Uhr kam eine neue Wendung: Für die Haussuchung müßten sie sich erst noch ein Papier besorgen. Es wäre ihnen lieber, wenn ich mit ihnen zu mir nach Hause führe. Sie würden sich meine Bücher gerne einmal ansehen. Ich stimmte zu, eine Weigerung schien mir sinnlos. Vielleicht lächelst du jetzt innerlich, aber ich war einfach unerfahren, dachte ständig an die Familie, ich glaubte ihren Drohungen.

Also fuhren drei der Herren und ich mit dem betriebseigenen Wartburg zum Parkplatz nahe unserer Wohnung. Inzwischen standen zwei größere Wagen auf dem Grundstück. Dann ging's in unsere Wohnung, einer trug einen großen Koffer. Den Kindern mußte ich sagen, sie sollten im Kinderzimmer bleiben, ich hätte Besuch. Margret war noch im Betrieb, sie kam immer erst gegen 17.00 Uhr, wie die Herren auch wußten.

Ich zeigte ihnen Bloch und Kafka-Literatur, DDR-Erscheinungen; sie legten alles heraus, all die Bloch-Bände des Aufbau-Verlags. Dann suchten sie, und der Stapel wuchs: Nietzsche, Kunze, deine Gedichte, gedruckte wie handgeschriebene. Sie amüsierten sich über eine Widmung, die sie sich gegenseitig zeigten: Welch ein verehrter Deutschlehrer!

Die Schallplatten von Biermann; großes Gaudi, als sie das Tonbandgerät einschalteten und Biermann hörten. Es war übrigens nicht gleich das Stasi-Lied. Manches vom Gesuchten fanden sie schneller als ich selbst. Interessant fanden sie auch Parteiliteratur, zum Beispiel Hefte für die Hand des Zirkelleiters im Parteilehrjahr. Sie blätterten, lasen meine Randbemerkungen: Fragezeichen, Ausrufezeichen, Wörter wie „Logik!", „Haha!", „Phrase!" und dergleichen. Als der Stapel groß genug war, meinten sie, ich solle ihnen das alles zur Verfügung stellen. Ich hätte doch auch erklärt, daß ich nicht in allem deren Meinung teile! Wozu wolle ich's dann aufbewahren? Das könnten *sie* besser. Und für *mich* wäre es günstiger so. Natürlich gäbe es auch andere Wege…

Inzwischen war ich natürlich überaus verunsichert. Allein dieser Tag mit all den Erlebnissen und Drohungen, und nebenan die Kinder. Und im Hinterkopf die Hoffnung, der Schaden ließe sich vielleicht begrenzen.

Also wurde der Koffer gefüllt, dann ging's zurück ins Grüne. Im Bungalow begann alles von vorn. Mehrfach die Aufforderung, ich solle nicht herumdiskutieren und den Genossen spielen, den glaube mir sowieso keiner. Ich sollte endlich zugeben, daß mein Lebenslauf seit 1956/57 unter einem *einzigen* Stern gestanden habe: Säen von Zweifeln, Aufweichung, feindliche Propaganda, Beeinflussung junger Leute in diesem Sinne. Leute wie dieser Fuchs seien letzten Endes das Produkt dieser Bemühungen.

Nun wurde es also klarer, härter.

Ja. Und sie zogen gewissermaßen Bilanz: Sie wüßten nicht recht, wie es jetzt weiterginge. Natürlich hätten sie genug Material für *andere* Schritte, ein paar Jahre seien da schon drin. Das müsse aber nicht sein, wenn ich die Warnung verstünde. Man werde sehen.

Und die Fragerei begann von vorn: Wie stehen Sie heute zu Bloch? Was halten Sie von Mayer? Ihre Meinung über Biermann, Bahro, Fuchs...? Katechismusfragen: Wo stehen Sie weltanschaulich, politisch? Was halten Sie *wirklich* vom Sozialismus? Meine Antworten würde ich heute nicht gern lesen wollen... Taktieren, diplomatisches Gerede... Zu meiner Entschuldigung könnte ich mir höchstens sagen: All die Genannten waren in relativer Sicherheit, hatten die DDR längst hinter sich gelassen. Jedenfalls sagte ich mir: Wem nütze ich, wenn ich jetzt hier den Märtyrer spiele? In einem einsamen Bungalow. Und abends liefern sie einen ein, und ihr Arbeitstag hat sich gelohnt.

Auf meine Fragen, was man denn von mir wolle, ob man mich wieder aus meinem Beruf haben wolle, sagten sie grinsend: Wir haben noch gar nichts vor. Das wird sich alles zeigen. Wir überlegen noch, wie Sie an dem Gespräch hier sehen. Bei Gericht ist alles gleich so direkt! – Dann wurde ich für vielleicht zwei Stunden allein gelassen. Nur hin und wieder schaute mal jemand ins Zimmer. Ich sollte alles Wichtige, das Biographische, aber auch meine Meinungen zu dem Besprochenen aufschreiben. Dazu der Satz, den ich an diesem Tag und später bis zum Überdruß zu hören bekam: Wer schreibt, der bleibt! Als ich damit fertig war, es war längst finster, vorm Fenster sah ich nur noch die glimmende Zigarette hin und her wandern, wurde der Inhalt des Koffers vor mir auf dem Tisch drapiert...

Da waren sie aber auf einer primitiven Ebene angelangt!

Und dann begann der Fototermin. Ein neuer Helfer kam, bisher wohl Küchenpersonal, großer Fotoapparat, Blitzlicht. Andere

Leute, Publikum, das gelegentlich einen anderen Buchtitel, eine andere Schallplatte ins Blickfeld rückte. Von allen Seiten, aus jeder Perspektive wurde ich aufgenommen. Bücher und Schallplatten immer in der Bildmitte. Anschließend Fingerabdrücke.

Also ein richtiges Feindbild!

Nicht ohne Erfolg, ich fühlte mich schon so. Dann, zwischen 21.00 und 22.00 Uhr, nach einem 12-Stunden-Tag also, die Eröffnung: Passen Sie auf, wir schließen die Sache vorläufig ab. Wir unternehmen zunächst gar nichts. Sie gehen morgen früh gleich in die Kreisleitung der Partei und erzählen den Genossen alles, von uns, von unseren Gesprächen, von dem gefüllten Koffer, von der Liste mit all dem, was Sie uns zur Aufbewahrung gegeben haben. *Kein* Wort vom Häuschen im Grünen, da sind wir eigen, das geht auch die Partei nichts an!

Und dazu ein kompromittierendes Foto! Das ist ja Politpornographie!

Das hat mich am Ende dieses Tages schon gar nicht mehr aufgeregt, aber ich stimme dir zu. Sie sagten also, als hätten sie nun mit allem nichts mehr zu tun: Wir sind gespannt, was da passiert. Ich unterschrieb, daß ich jene lange Liste mit Titeln gesehen, daß ich die Bücher etc. „zur Verfügung stellte". Mir war so scheußlich zumute; ich erinnere einen Gedanken, der mich immer wieder durchzuckte: Bloch, Mayer, Biermann, du – alle im Westen. Zu Hause meine Familie. Für wen, wofür sollte ich kämpfen. Ohne Erfolgschancen, wie ich damals glaubte.

Gegen 22.00 Uhr die Erklärung, die mich zum Schweigen verpflichtete, über sie, über das Anwesen. Als ich mein Auto haben wollte, freundliches Lächeln: Sie brächten ihre Gäste immer selbst nach Hause! Jetzt mit meinem Auto, das sei doch gefährlich, ich sei doch durcheinander. Da hätte sie ihre Prinzipien.

Erkläre ich heute jemandem, was Zynismus ist, so muß ich immer daran denken, auch wenn ich andere Beispiele verwende.

Auf unserem Parkplatz wurde ich verabschiedet, mein Trabant rollte auch gerade an: Ich solle aufpassen, daß mir nichts zustößt. Und kein Wort zu meiner Frau… Übrigens fand ich in den nächsten Tagen reichlich Anzeichen, daß an der Innenverkleidung des Autos gearbeitet worden war. Ich kam mir vor wie in einem miserablen Krimi.

Ich ging also nach Hause, Margret atmete auf. Die Andeutungen der Kinder hatten genügt, sie hatte auf mich gewartet, aber nicht mehr recht mit mir gerechnet.

Und nun, nach 30 Jahren DDR, nach all deinen Erzählungen und Warnungen, tat ich zum ersten Mal etwas, was ich zuvor immer belächelt hatte: Ich nahm Margret bei der Hand, sprach von einer schönen Nacht, vom Wunsch nach einem Spaziergang. Lange bummelten wir durch dieses Neubaugebiet, dabei erzählte ich ihr alles. In der Wohnung hätte ich kein Wort über die Geschichte herausgebracht, überall sah ich ihre Ohren und Augen, überall die grinsenden Gesichter...

Ich denke ja, daß ihr diese Wohnung nicht zufällig bekommen habt, Erdgeschoß, leicht einzusehen. Als ihr 77 eingezogen seid, wird sie wohl schon verwanzt gewesen sein.

Wer weiß. Jedenfalls konnte ich damals nur auf der Straße alles erzählen, und gemeinsam haben wir über die Folgen gerätselt. Und jetzt erst kam die wirkliche Angst: die Familie, die beiden klugen Kinder, mein Beruf.

Die Wahrheit saß im Präsidium

Nun solltest du, Gerhard, dich also selber denunzieren. Der Gang zur Kreisleitung – Demütigung als Zugabe.

So war es wohl gedacht; und ich sah auch keine Möglichkeit, es zu vermeiden. Sicher, ich hätte probieren können, was geschieht, wenn... Aber ich sah keinen Sinn in dieser Provokation. Also pilgerte ich am nächsten Tag zur Kreisleitung, ließ mich beim Abteilungsleiter melden, einem Herrn, der mit Geistesgaben nicht eben gesegnet war, und erzählte dem die Geschichte. Er hörte genüßlich zu, auch wenn er nicht alles verstand – wir liebten uns seit langem besonders.

Nachdem ich die Story erzählt hatte, rief er einen Mitarbeiter der Abteilung Sicherheit der Kreisleitung; der kam, stellte sich ahnungslos und ließ mich alles noch einmal erzählen. Dabei machte er Notizen, der erste hatte seine schon.

Nun wurde mir aufgetragen, auch meinen Direktor und den Schulrat in Kurzfassung zu informieren. Ich erinnerte Canossa –

und tat, wie mir geheißen. Schon am nächsten Tag wurde ich aufgefordert, nicht mehr hospitieren zu gehen. Ich wurde vom
Dienst als Fachberater suspendiert. Unterrichten durfte ich,
mußte an mehreren Schulen Kollegen vertreten, denn ich war ja
nun unterbeschäftigt. So arbeitete ich bald da, bald dort; die
größte Belastung aber war die totale Funkstille. Das währte wohl
an die vier Wochen, in dieser Zeit dachte ich oft an die
Geschichte vom Damoklesschwert.

Dein Einsatz als Lehrer stand aber nicht zur Disposition?
Man werde sehen. Das schien plötzlich der Lieblingssatz aller
Verantwortlichen zu sein. Alles sehr anonym, Warten auf den
deus ex machina.

Margret Hieke: Und gerade *das* nahm uns so mit. Da ich Ger-
hards Verfassung spürte, obwohl er alles herunterzuspielen
suchte, meldete ich mich eines Tages beim Direktor seiner
Schule an. Wir kannten uns von Veranstaltungen des Kollegiums.
Ich hatte an ein persönliches Gespräch geglaubt, hatte ihn darum
bitten wollen, sich für Gerhard einzusetzen, da er ja seine Arbeit
kannte… Sein Stellvertreter war als Zeuge anwesend. Er aber
thronte hinter seinem Schreibtisch, schrieb jedes Wort mit. Es
wurde kein Gespräch, ich verließ den Raum konfus; vergeblich
hatte ich auf eine menschliche Regung gehofft.

*Und wie hat er sich zu dir verhalten, Gerhard? Gab es schon
vorher Anzeichen?*
Ich hatte keine bemerkt. Hat er geschauspielert, so hat er's sehr
gut gemacht. Ich hatte den Eindruck, daß ihn meine Mitteilungen
kalt trafen. Sicher bin ich nicht.
Nun kamen auch in der Schule beklemmende Wochen. Für die
Offiziellen schien ich Aussatz zu haben. Die haben zunächst gar
nicht reagiert. Es dauerte Wochen. Aber andererseits war ich ja
noch Parteisekretär.
Inzwischen hatte mich mein direkter Vorgesetzter, der Direktor des Pädagogischen Kreiskabinetts, zu sich bestellt. Ganz konspirativ, in einem Zimmerchen im Dachgeschoß trafen wir uns;
ich meinte, er hielt den Raum für sicherer. Er ließ sich alles
berichten. Dann erzählte er von *seiner* Angst. Er hätte im Sommer eine umfangreiche Beurteilung über mich für den Bezirk

schreiben müssen. Damals hätte er gemeint, es ginge um eine Beförderung o.ä. Er habe mich in höchsten Tönen gelobt, nun habe er Angst. Vielleicht stimmte die Geschichte, vielleicht auch nicht. Damals glaubte ich sie, inzwischen bin ich leider viel mißtrauischer geworden. Nun wollte er wissen, was ich täte, wenn ich nicht mehr als Lehrer arbeiten dürfe; ob ich einen Ausreiseantrag stellen würde. Er müsse das wissen, weil er mir nämlich helfen möchte, eventuell eine Stelle in der Kreisbildstelle (für Unterrichtsmittel) besorgen wolle; aber da müsse er wissen, daß ich ihm nicht in den Rücken fallen würde.

So machten mir alle deutlich, daß sie Angst hatten, mit mir auch nur bekannt zu sein. Sicher war diese Funkstille von geschickten Psychologen geplant: Erst jener Tag scheinbarer Entscheidungen, dann die Canossagänge – und nun wochenlang eine bedrückende Atmosphäre, und nichts *geschieht*.

Damals und in den Jahren danach habe ich begriffen, *wie* raffiniert die gearbeitet haben, wie gut sie mich studiert hatten. Hätten sie mich in der Schule attackiert, im Kreis der Fachberater, hätten sie mich abgeholt, eingesperrt und verhört, ich hätte den Kampf aufgenommen, hätte gestritten, mich gewehrt. So aber, lange Gespräche, sinnlose Debatten, dann Nebel, kein Gegner zu greifen – das lähmt, zermürbt, läßt alles sinnlos erscheinen.

Natürlich mahlten die Mühlen. Nach Wochen hing in der Schule ein Zettel am Schwarzen Brett: Einladung zu einer außerordentlichen Parteiversammlung. Selbstverständlich ging ich hin, auch wenn *ich* nicht eingeladen hatte. Alle kamen, auch Leute von der Kreisleitung. Der einzige Tagesordnungspunkt war ich. Auf dem Tisch vorn sah ich Bücher liegen, Gedichte, „Gedächtnisprotokolle", auch Biermann-Texte. Die stellvertretende Sekretärin eröffnete, dann durfte ich wieder einmal meine Geschichte erzählen, durfte erklären, wer jener Fuchs sei. Dann verlas der Herr von der Kreisleitung Texte: das Vorwort von Wolf Biermann zu deinem Buch, Fetzen von Liedtexten Wolf Biermanns, Passagen aus deinem Buch... Dann die Mitteilung, das alles *kenne* dieser Hieke, habe es *besessen*. Mit dem Fuchs sei er *befreundet*, Biermann habe auf dem Tonbandgerät gelegen. Fuchs sei sein Schüler gewesen, er habe ihn also aufgebaut, sich später zur Tarnung in die Partei eingeschlichen.

Ich durfte mich zwar dazu äußern, wurde aber immer gleich korrigiert. Die Wahrheit saß im Präsidium. Die schärfsten

Angriffe kamen vom Direktor, der mich einst als Parteisekretär vorgeschlagen, mich dazu regelrecht überredet hatte.

Dann begann die Diskussion um Maßnahmen gegen den Schädling. Der von der Kreisleitung und der Direktor sprachen heftig von Ausschluß. Die anderen, zwei oder drei ausgenommen, wiegelten ab, lobten meine Arbeit, meine Ehrlichkeit etc. Sie sprachen von Rüge und ähnlichen *Erziehungsmaßnahmen.* Brandreden des Direktors vom Wolf im Schafspelz, auch der Funktionär zog vom Leder. Dennoch blieben die Fronten, für Ausschluß war keine Mehrheit zu gewinnen. Auf Vorschlag der beiden wurde die Versammlung nach ca. zwei Stunden abgebrochen. Eine Woche später Wiederholung, die Kurzversammlung dauerte kaum mehr als eine halbe Stunde: Ausschluß mit ein oder zwei Gegenstimmen.

Also Bearbeitungsgespräche in der Zwischenzeit.
Natürlich. Später hörte ich von diesem und jenem, immer unter vier Augen, immer auf der Straße, nach allen Seiten äugend, daß in dieser Woche alle beim Direktor oder in der Kreisleitung vorsprechen mußten. Ihnen wurde unter anderem gesagt, man habe noch wichtiges Material zurückgehalten, der Mann sei ganz gefährlich, man müsse ja wissen, ob man sich mit dem solidarisieren wolle. Auch von Folgen war da die Rede.

Ich wurde in die Kreisleitung bestellt und bekam die Begründung für meinen Ausschluß vorgelegt. Feind der Republik, staatsfeindliches Verhalten erinnere ich. Ich mußte unterschreiben, daß ich zur Kenntnis genommen, Zustimmung war nicht gefragt. Leider bekam man solch ein Pamphlet nicht mit. Einspruch erhob ich nicht, ich kannte die Hintermänner und war in gewisser Weise ja auch froh, das Parteibuch abgeben zu dürfen. Gleichzeitig wurde ich erneut zum Schulrat bestellt, Aussprachen, aber keine Entscheidung. Wieder sollte ich eine ausführliche Erklärung schreiben, angeblich für den Oberbürgermeister, wie ich jetzt über Bloch und und und dächte... Die mußte ich am zeitigen Morgen vor dem Rathaus dem Schulrat übergeben; ich weiß nicht, an wen der sie weitergab.

Perversion einfach; die Verhöhnung als Prinzip.
Und irgendwann, im November wohl, kam der Schulrat zu einer Lehrerkonferenz in die Fröbelschule. Dem Kollegium und

mir wurde offiziell mitgeteilt: Wegen parteiinterner Auseinandersetzungen sei ich als Fachberater abberufen. Ich bekäme aber die große Chance, weiterhin als Lehrer zu arbeiten und mich zu bewähren...

Fragen aus dem Kollegium, was denn gegen den Kollegen vorläge, machten den ansonsten friedfertigen Schulrat aggressiv. Sehr energisch sagte er, es gäbe keine weiteren Auskünfte, alle hätten doch gehört, daß es um partei*interne* Auseinandersetzungen ginge. Dann verschwand er, es schien Klarheit zu herrschen.

Seit jenem Tag arbeitete ich wieder mit voller Stundenzahl an der Schule, in einer bedrückenden Atmosphäre. Jedes Wort wurde sorgfältig registriert, meist auch notiert. Für die einen war ich eine Unperson, andere waren freundlich, vor allem aber vorsichtig.

Und der Direktor? Habt ihr überhaupt noch miteinander gesprochen?

Kaum, nur das dienstlich Notwendige. Und ich mußte zum Beispiel den Schrank mit Literatur für eine Arbeitsgemeinschaft Literatur vor ihm öffnen, seine Stellvertreterin mußte alles kontrollieren. Als ich ein Jahr später die „Offenen Fenster" als Arbeitsmaterial nannte, kam es zum Eklat. Inzwischen wußten sie ja, daß in einem Heft auch Gedichte von dir standen. Nun witterten sie den Untergrundkämpfer. Ich erledigte dann alles schriftlich. Aber ich hörte auch, daß Schüler ausgefragt wurden. Manchmal hätte ich am liebsten alles hingeworfen.

Kaum war ich gnädig als Lehrer belassen worden, geschah mir eines Tages dies: Vom Schulrat kommend fuhr ich zur EOS „Gerhard Hauptmann", wo Gabi Schülerin war. Als ich auf den Schulhof fuhr, folgte mir ein gelber Wartburg. Als ich ausstieg, entstieg dem ein unscheinbarer Herr. Als ich in die Schule gehen wollte, sprach er mich mit Namen an, zeigte den gewissen Ausweis und meinte, er müsse mit mir reden. Er fragte, ob meine berufliche Existenz inzwischen geklärt sei. Dann forderte er mich auf, an einem bestimmten Tag erneut zu jenem Bungalow zu kommen.

Ich grübelte, ob ich das tun müsse; als der Tag kam, fuhr ich doch. Am Gasthaus stand der gelbe Wartburg und fuhr mit jenem Herrn die 200 m bis zum Waldgrundstück. Auto in die Tiefgarage, Aufstieg ins Wohnzimmer. Der Bau schien unbewohnt. Und nun kam er zur Sache: Sie hätten meine letzte Stellungnahme gelesen – die für den OB –, sie hätten das Material gegen mich in Verwahrung. Nun müsse ich beweisen, wer ich sei. Ich hätte doch geschrieben, ich sei kein Feind. Nur das sei zu beweisen. Andernfalls habe man die Fotos, die Bücher usw. – Solle denn die Familie einige Jahre ohne mich auskommen müssen?

Mir krampfte sich alles zusammen, ich rechnete mit dem Schlimmsten. Er ließ mich mit meinen Gedanken allein; dann rückte er heraus: Ich solle ja nur dem Fuchs schreiben, was mit mir geschehen sei. Sie müßten seine Reaktion testen. Er kämpfe weiter gegen die DDR, von Westberlin aus; gegen feindliche Aktionen hätte ich mich doch auch geäußert. Erst widersprach ich, meinte, sie sähen Gespenster. Dann wurde er zudringlicher, verlangte eine Entscheidung, erinnerte an die Alternative. Erpressung also.

Ich nahm die Drohungen ernst, die letzten Wochen waren nicht spurlos an mir vorübergegangen. Beschwichtigend sagte ich mir, daß du in Westberlin in Sicherheit bist. Also unterschrieb ich, daß ich ihnen helfen würde, feindliche Aktivitäten aus deiner Richtung zu erkennen. Ich sagte mir, daß ich ja erpreßt werde, daß ich endlich auch einmal an meine Familie denken müsse…, und fühlte mich doch scheußlich.

War zu diesem Zeitpunkt Angelika W. schon mal dagewesen? Von alledem, was du jetzt erzählst, hatte ich nichts gewußt. Unsere Verbindung war ja praktisch abgerissen. Und als Angelika aus Holland kam, um nach Lengenfeld zu fahren, bat ich sie, bei euch vorbeizuschauen. Wir waren ja in einer Klasse, sie heiratete nach Amsterdam.

Sie war ja auch da. Leider führte ich kein Tagebuch o.ä.; so kann ich nicht auf den Tag sagen, wann das war. Aber ich hatte ihr gewiß alles erzählt, was bis zu diesem Tag passiert war. Das weiß ich genau; und ich weiß, daß mich der Stasi-Mann nach Angelika und ihrem Besuch ausgefragt hat, als sie schon wieder in Holland war. Auch erinnere ich mich zuverlässig, daß ich Angelika nach ihrem Besuch bei uns in der Nacht mit dem Auto nach Lengenfeld gefahren und ihr bei dieser Gelegenheit den bewußten Bungalow gezeigt habe.

Ja, das erzählte sie, als sie zurückkam. Ich war entsetzt! Bis zu dieser Zeit hatte ich ja nicht die geringste Ahnung, nichts gehört, keinen Brief. So fiel ich bald in Ohnmacht, als ich das *hörte.*

Angelika muß in der Advents- oder Weihnachtszeit dagewesen sein, ich erinnere Gebäck, Duft von Tannennadeln. Die anderen Geschichten hatten wohl noch nicht recht begonnen, lediglich die Versuche.

Sie muß aber unbedingt auf deren Raster gewesen sein; sie war ja noch DDR-Bürgerin, kam aus Holland, war mit mir befreundet.

Sie *war* auf dem Raster, da kann ich dann eine unglaubliche Geschichte erzählen. Die geschah aber erst später. Zunächst geschah folgendes: Nachdem ich einige Male zu dem Bungalow hatte fahren müssen, disponierte der Herr um. Zu diesem Zeitpunkt wußte ich noch immer nicht recht, was die von mir wollten; sie vermuteten irgendwelche Aktionen von dir, falls du erfahren solltest, was mit mir geschehen war. Und darauf setzten sie ihre Hoffnungen, in dem Zusammenhang meinten sie mich zu brauchen – so glaubte ich. Vielleicht ging es aber auch nur um mich, um Zermürbung?

Jedenfalls wurde ich nach einigen Treffen in diesem Bungalow nun nach Karl-Marx-Stadt zitiert, Interhotel, 18. Stock, Zimmer 5. Dort mußte ich klopfen und warten, dann ließ er mich ein. Ein übliches Zimmer dieser Hotel-Kategorie. Die Termine lagen vorher fest, änderte sich etwas, steckte ein Zettel im Briefkasten: „Fachbesprechung Bezirkskabinett, Termin…" Und dort durfte ich nun ständig erscheinen, mal nach vier, oft nach einer Woche, an die 1 1/2 Jahre lang. Nur in den letzten Wochen wurde ich wieder nach Ebersbrunn bestellt, Gespräch im Auto statt im Bungalow. Da schöpfte ich Hoffnung, daß der Herr und seine Oberen begriffen hatten, daß mit mir nichts anzufangen sei.

So häufig? Das waren Abarbeitungsgespräche oder Werbung…
Ich weiß es nicht, es hat mich oft beschäftigt. Vielleicht wurde ich gar als IM geführt? Groteske Vorstellung. Ich glaubte mich zu dieser Zeit wieder soweit in der Gewalt zu haben, daß ich mich einerseits über diese Indianerspiele furchtbar ägerte, andererseits aber auch dachte: Du wirst denen nichts zuarbeiten, bemühe dich, ihre Arbeit und deren Strukturen zu *begreifen.* Dem Herrn fühlte ich mich überlegen, bemühte mich, zu reden ohne etwas zu sagen. Nach Namen gefragt, nannte ich die, die ich als

Stasi-Leute kannte. Trotzdem vermochte ich mich nicht zu amü-
sieren, der Gegängelte war ich, und ich fühlte mich schmutzig.

Beim ersten Treffen im Interhotel hatte ich genaue Verhaltens-
regeln bekommen. Personal des Hotels war gewiß im Spiel.
Meist brachte irgendwann irgend jemand etwas zu essen, anfangs
verblüffend anspruchsvoll, Köder vielleicht: Schinkenröllchen
mit Spargel und so. Später Würstchen. Der Hoteldiener klopfte,
der Herr ging an die Tür, schloß dabei sorgfältig die Zwi-
schentür... Manchmal war noch jemand im Zimmer, wenn ich
klopfte; der mußte dann ins Bad, und war ich im Zimmer, konnte
er ungesehen verschwinden.

Hat man versuchte, dich als IM anzuwerben?
Nein. Übrigens hörte ich den Begriff zum ersten Mal im
Herbst 89. Seither habe ich zuweilen gegrübelt, ob ich etwa dar-
unter lief. Früher hätte ich darüber herzlich gelacht, aber inzwischen habe ich soviel zu diesem Thema gelesen; da hältst du
dann vieles für möglich. Schließlich hatte ich, wie schon gesagt,
eine Erklärung unterschreiben müssen, daß ich bereit sei, deine
„feindlichen Aktivitäten" aus Westberlin aufdecken zu helfen.
Den Text erinnere ich nicht mehr in allen Details.

Zunächst war immer nur vom Thema Fuchs die Rede. Dafür
habe ich mich fast zwei Jahre mit dem gleichen Herrn treffen
müssen. Anfangs wurde immer nach dir gefragt, mir alles mögliche über dich, Biermann usw. erzählt. Natürlich versuchte der
mich dabei auch in Gespräche über Gott und die Welt zu ver-
wickeln. Wie es mir nun in der Schule ginge, wie meine Ver-
wandtschaft reagiert hätte, ob die Kinder benachteiligt würden
usw. Und am Ende mußte ich alles mögliche aufschreiben. „Wer
schreibt, der bleibt".

Mehrfach wurde mir gesagt, wenn ich klagte und fragte, wie
lange denn der Zirkus noch gehen solle, wie lange sie noch vergeblich auf Aktionen von dir warten wollten: Warten Sie nur, Sie
werden noch Gefallen an der Sache finden. Wir hatten schon mit
Leuten zu tun, die haben geweint und gebettelt, wenn wir keine
Zusammenkünfte mehr brauchten. Daß ich sagte, ich käme nur,
solange ich unter dem bekannten Zwang kommen müßte, quit-
tierte er mit Lächeln.

Nach den ersten Gesprächen, in denen es nur um dich ging und
darum, *wem* ich *was* von meiner Geschichte erzählt hatte, begann

dann das, was mir schon anfangs angekündigt worden war: Ich sollte in seinem Beisein an dich einen ausführlichen Brief schreiben und alles berichten, was mir widerfahren war. Zu diesem Zweck mußte ich etliche Male nach Chemnitz, im Februar, März, bei Glatteis, bei Schneetreiben...

Dieselbe Vorgehensweise kenne ich aus den Erzählungen von Dr. Kratschmer, den du von den „Offenen Fenstern" kennst und aus meinen Erzählungen. Genauso hat man den immer wieder bearbeitet!

Ich schrieb also – er sah fern, hörte etwas aus dem Radio, unterbrach mich...

Der Herr nahm sich und mir also viel Zeit. Es war alles so lächerlich, allerdings auch entwürdigend, deprimierend. Nach mehreren Entwürfen, nach Wochen also, nahm er den Briefentwurf mit: Den müßten sie im Kollektiv beraten. Und immer wieder Gespräche mit mir: Was macht der Fuchs, wenn er den Brief bekommt? Könnte es sein, daß er mit Ihrer Geschichte zum RIAS, zum Fernsehen geht? Einen neuen Fall von Verfolgung in der DDR ausschlachtet, um seinem Lehrer-Freund zu helfen? Ich konnte seine Fragen ja gar nicht beantworten. Ich erinnere sein Grinsen, wenn er träumte: Macht der Fuchs Rummel um Sie, alarmiert Öffentlichkeit, dann sehen Sie aber alt aus. Dann hatten Sie Pech und unser Spiel ist aus. Dann müssen wir Sie nämlich aus dem Verkehr ziehen, Bautzen zum Beispiel. Sein Theater müßten Sie dann ausbaden!

Dieser Zynismus traf mich sehr, schließlich schrieb ich nicht freiwillig; ich war ihr Spielzeug.

Das sollte Aggressionen erzeugen, auch mir gegenüber. Hast du da nicht gesagt, du kannst nicht mehr, kommst nicht mehr?

Doch, mehrere Male; dann wurde ich daran erinnert, daß auch anderes möglich sei. Ich wollte und müsse ja nun beweisen, daß ich nicht zu den Feinden gehöre. – Jedenfalls entstand allmählich der Brief, in dem nichts zu lesen war, was du nicht schon durch Angelika wußtest. Dann durfte ich unter seiner Aufsicht die Reinschrift anfertigen. Als er sie mitnahm, benutzt er eine Pinzette. Seine Oberen mußten wohl noch einmal kontrollieren, ob keine Anspielungen zwischen den Zeilen stehen. Beim nächsten Mal das Kuvert; nur *ich* durfte es anfassen, er benützte Hilfsmittel.

Das ist wirklich wahr? So schlechte Romane gibt's ja gar nicht!
Und wie hieß der? Hat er nie einen Namen genannt?

Nie. Seine Bestellzettel in unserem Briefkasten unterschrieb er
mit irgendeinem Vornamen, der nicht stimmte, wie er gleich
erklärt hatte. Ich hätte übrigens auch mit irgendeinem Vornamen
im Hotel absagen müssen, falls ich krank geworden wäre o.ä. Ich
habe es nie getan.

Der miese Roman aber ging ja weiter. Das Kuvert war
beschriftet, er legte es mittels einer Pinzette in seine Brieftasche.
Dann kam eine Steigerung der Räuberpistole; Agentenromantik
vielleicht. Oder war's, um mich zu verklapsen?: Der Brief dürfe
nicht in Zwickau aufgegeben werden. Du wüßtest sonst, daß da
etwas faul sei, denn ich traue doch der DDR-Post nicht. Ein
Stempel aus der CSSR sei das Geeignete. Sie hätten sich also
gedacht, ich müsse den Brief in Karlsbad einstecken. Dorthin
solle ich mit meiner Frau fahren, denn wer fährt schon für einen
Tag allein nach Karlsbad? Meiner Frau solle ich einen plausiblen
Grund nennen. Glaubte der, glaubten die *wirklich*, Margret hätte
nicht von Anfang an jede Kleinigkeit gewußt? Das weiß ich bis
heute nicht.

Er wußte jedenfalls schon den Tag, es war ein Donnerstag, da
hatte ich nur ein oder zwei Stunden Unterricht.

Was stand denn in dem Brief, sinngemäß? Ich erinnere mich
einfach nicht, auch wenn das für dich kränkend sein sollte.
Warum kränkend? Du wußtest ja alles durch Angelika.

Ich erinnere deutlich zwei Briefe, einen an Lilo, einen an mich,
aber ganz anderen Inhalts. Diesen kann ich nie bekommen
haben.
Rätselhaft. Nun gut, da stand die Geschichte meiner
Zuführung, die Beschlagnahme von Büchern und Platten, der
Parteiausschluß, die Abberufung des Fachberaters Hieke zu
lesen, eine Darstellung meiner Situation. Und dieser Brief sollte
via Karlsbad zu dir nach Berlin. Meine Meinung war nicht
gefragt, alles war organisiert: Ein Donnerstag also. Margret nahm
einen Haushaltstag. 8.00 Uhr fuhr ich in Richtung Altplanitz, der
gelbe Wartburg kam mir entgegen. Ich bekam zwei Kuverts: den
Brief für dich und ein Kuvert mit Kronen, um tanken und in Karlsbad essen zu können. „Für die Fahrt und um Ihrer Frau durch

Einkäufe plausibel zu machen, warum Sie fahren." Und plötzlich die Anweisung, nicht über Schönberg, sondern über Oberwiesenthal zu fahren. Dort könne er am Grenzübergang besser einsehen, ob alles in Ordnung ginge.

Scheußliches Wetter; wir fuhren also in Richtung Fichtelberg, es war kaum Betrieb. Am Grenzübergang, hinter dem Abfertigungsgebäude, wieder der gelbe Wartburg, schlecht getarnt der Herr. Kein Auto vor uns, also ging's zügig nach Karlsbad, Brief eingesteckt. Damals war ich sicher, daß sie dort oder in Westberlin die Möglichkeit der Kontrolle hatten. Außerdem hielt ich den Brief für belanglos, er konnte ja eigentlich niemanden in Schwierigkeiten bringen. Wir aßen rasch etwas und flohen vor dem unangenehmen Wetter. Die Straße am Fichtelberg war spiegelglatt, heftiger Wind, ein wenig Schnee. Der gelbe Wartburg und das bekannte Gesicht waren nicht zu übersehen. Wir waren froh, als wir gesund wieder zu Hause waren.

Eine Woche später ein Zettel im Briefkasten, wieder nach Karl-Marx-Stadt. Dort durfte ich den Ablauf des Tages erzählen, und dann konnte ich nach Hause fahren.

Allmählich wurden dann die Abstände größer, ich wurde nicht mehr so oft nach Karl-Marx-Stadt beordert. Bei einem dieser Gespräche wurde ich übrigens nach Angelika und ihrem Besuch bei uns ausgefragt. Er schien alles zu wissen, fragte sehr gezielt, manches sagte er mir auch auf den Kopf zu. Trotzdem mußte ich dann alles aufschreiben.

In diesem Zusammenhang eine heftige Kontroverse, vielleicht acht, zehn Monate nach jenem ersten Kontakt. Ich wurde per Zettel nach Karl-Marx-Stadt beordert, dort in aller Eile: Angelika W. habe erneut die Einreise beantragt; sie komme sicher über Westberlin, habe etwas von Fuchs zu übermitteln. Ich solle dich per Telegramm oder Anruf bitten, Bücher und Schallplatten mitzuschicken. Das gäbe einen Erfolg. Ich weigerte mich.

Er wurde heftig. Noch *hätte* ich nicht bewiesen, daß ich kein Feind sei, daß ich ihnen gegen feindliche Aktionen helfen wolle. Dann lenkte er ein: Sie würde mich ja gewiß besuchen. Wenn ich sie dann wieder mit dem Auto nach Hause brächte, sollte ich nicht nach Lengenfeld, sondern mit ihr nach Karl-Marx-Stadt fahren. Er würde ein Hotelzimmer besorgen. Meine Schülerinnen hätten doch von mir geschwärmt; also könne ich sie doch mühelos ins Bett kriegen. Da ließe sich mehr erfahren, ihm liege viel daran: Wo sie Bücher etc. versteckt, wen sie noch aufsucht, wo sie dich jeweils trifft usw.

Ich mußte Verblüffung und Entsetzen nicht spielen, ich war empört; trotz aller Erlebnisse des letzten Jahres vermochte ich *das* kaum zu fassen. Ich wurde laut, lehnte energisch ab, entrüstete mich. Er amüsierte sich köstlich, dann wurde auch er laut. Kündigte mir an, sobald sie den genauen Termin wüßten, würde ich erneut von ihm hören. Aber ich hörte nichts. Entweder war Angelika gar nicht gekommen, oder sie hatten begriffen… Ungefähr zu dieser Zeit wurden auch die Termine seltener, ich wurde noch einige Male nach Ebersbrunn beordert, zumeist nur für kurze Gespräche im Auto: Ob ich Post von dir hätte, was ich Neues von dir wüßte. Drohungen auch, ich solle nicht glauben, sie ließen mit sich spielen. Ein Grund dafür war wohl auch, daß ich über Dinge zu sprechen, die nichts mit dir zu tun hatten, abgelehnt hatte. Er hatte von mir verlangt, im Klub der Intelligenz, in der Hochschule… an Veranstaltungen teilzunehmen und ihnen zu berichten. Mehrmals hatte ich erklärt, daß ich kein Spitzel sei. Er wisse, wozu sie mich gezwungen hatten, ansonsten wolle ich mit ihnen nichts zu tun haben. Ich nannte Gründe…

Jedenfalls kamen plötzlich, nach 1 1/2 bis 2 Jahren keine Zettel mehr, einige Zeit wagte ich's kaum zu glauben; dann war ich sicher: Ich war für sie uninteressant geworden, das Spielzeug wurde nicht mehr benötigt; ich war wohl auch nicht mehr gefährlich für sie – ich hatte zuviel an die Folgen gedacht.

Die ganze Geschichte bezog sich jedenfalls immer auf deine Person, bis auf jene letzten Versuche, bis auf gelegentliche Fragen und Gespräche zur Stimmung. Versuche, mich übers Kollegium auszufragen, in denen ich allgemein daherredete oder zum Beispiel Metzner, unseren Direktor und *ihren* Mann, als Schädling charakterisierte, weil er alle Kollegen gegen den Staat aufbrächte. Da brach er rasch ab. So versuchte ich Namen zu testen und kam mir sehr klug dabei vor.

Übrigens sah ich den Herrn, als alles so allmählich eingeschlafen war, einmal im Kaufhaus. Er lief mit einem anderen Herrn, ich zeigte Margret die beiden; wir amüsierten uns köstlich, wie sie durch die Reihen mit Konfektion Slalom liefen, am liebsten mit den Gesichtern nach unten. Er war ein lächerlicher Alptraum geworden.

Eine ganz üble Geschichte. Ich habe es ja in groben Zügen gewußt, du hattest es mir schon erzählt. Und doch, hört man's so ausführlich und im Detail, so ist's erneut deprimierend und widerlich zugleich.

Wem sagst du das! Ich habe es schon so oft erzählt, und stets bedrückt es mich aufs neue. Warum? Weil ich seit jenem 12-Stunden-Tag im Bungalow immerzu an die Folgen dachte, so daß ich mich nicht recht zu wehren wagte. Manchmal denke ich: Hätte ich's doch drauf ankommen lassen, im schlimmsten Fall also das versprochene Gefängnis. Aber Gabi und Michael, zwei begabte Kinder – durfte ich einfach ihre Zukunft zerstören? So war es eine ewige Gratwanderung.

Zum anderen war ich seit dem Tag im Herbst 78 in meiner Arbeit eine Unperson. Ob ich beim Schulrat nach einer Stelle an der EOS fragte, ob mir ein Professor an der PH eine Stelle anbot – alles verlief im Sande, nie eine klare Auskunft. Ich spürte, wie hinter meinem Rücken geflüstert wurde: Der wurde aus der Partei ausgeschlossen, gegen den hat die Stasi ermittelt.

Und es betraf ja auch die Familie, Sippenhaft gab es auch hier. Selbst Margrets Zwillingsbruder, der plötzlich kein Reisekader mehr war, von Pontius zu Pilatus lief und fragte, mußte sich zuletzt von einem Herrn der Sicherheit fragen lassen, ob er denn nicht den und den Schwager habe... Damit war alles erklärt. Und der hatte von allem, was mir vorgeworfen wurde, nichts gewußt, Biermann nie gemocht...

Zuletzt frage ich mich heute, wo man so viele Geschichten liest: Bin ich nach allem, was mir widerfahren ist, Opfer? Führte man mich nach allen Drohungen und Erpressungen gar als IM, weil ich zu den Gesprächen gefahren bin, den Brief an dich schrieb?

Man hat mir übel mitgespielt, aber mir fehlt diese Opfermentalität. Und obwohl ich mich nicht als Täter fühle, Mittäter dieser Leute etwa, hätte ich mich in einigen Situationen doch gerne anders verhalten.

Bei den erpreßten Bestellungen ging es darum, dich fertigzumachen. Vielleicht einen IM-"Vorlauf" zu probieren. Und ich halte es für ganz wichtig, daß du bei der Gauck-Behörde Einsicht in deine Akten verlangst. Natürlich auch im Zusammenhang mit mir. Ich meine, in deinem Fall handelte es sich um sogenannte

Abarbeitungsgespräche; da gibt es dann in den Akten ganz klare Zielstellungen. Eine ist wohl auch die Diffamierung, Rufschädigung: „Mitarbeit" herstellen als Diffamierungsmöglichkeit.

Das mag stimmen. Weißt du, ich habe oft darüber nachgedacht, wir haben zu Hause darüber gesprochen: Ein Glück, daß ich psychisch recht stabil bin. Erst der Schock jenes langen Tages. Dann die wochenlange Ungewißheit, warum die mit dem Einsperren zögern. Dann das Rätseln, ob ich Lehrer bleiben oder wieder rangieren darf. Und zuletzt die erzwungenen Fahrten nach Chemnitz mit all den zwiespältigen Gefühlen, ständig die Anspannung: Was darf ich sagen, was nicht? Ja keinem schaden! Reden, aber nichts sagen!

Natürlich, da kann vieles geschehen, worauf ja auch gewartet wurde: Du kannst zum Suicid getrieben werden, du kannst in der Psychiatrie landen. Da können Ehen zerbrechen und Familien zerstört werden. Das Ziel war die Destruktion einer Persönlichkeit. Deswegen brauchst du deine Akten, damit man sieht, was sie zu welchem Zweck geplant hatten. Aus vielen solcher Fälle weiß ich: Das waren die absoluten Schweine; denen war jedes Mittel recht.

Ich denke daran, wie der Kerl mir sagte: Wenn der Fuchs Ihnen durch Öffentlichkeit helfen will, dann zahlen Sie den Preis, dann können Sie sich auf was gefaßt machen.

Aber da war auch Bluff im Spiel. Ob in meinem Bloch-Aufsatz, ob in Büchern oder bei Lesungen – in Texten, und wenn ich gefragt wurde –, habe ich von meinem Deutschlehrer berichtet. Aus dieser Sicht war es schon relativ schwierig, dich zu verhaften. Das wäre für sie nicht so einfach gewesen.

Vielleicht hast du recht, sicherlich. Aber vergiß nicht, daß wir die Dinge damals, 79/80, aus sehr unterschiedlichen Perspektiven sahen. Für mich waren die Drohungen und Bedrohungen sehr real; andere Möglichkeiten, die du siehst und sahst, kamen in meinen Erfahrungen nicht vor.

Feststeht: Sie konnten vieles, sie konnten längst nicht alles. Ich habe mich damals instinktiv verhalten, aus unserer Freundschaft heraus. Und ich sage dir: In deinem Verhalten, in deiner Art, mit dem Konflikt umzugehen, lag eine große Gefahr. Du kanntest ja

*dein Nervenkostüm in solchen Situationen auch nicht. Es war ein
hohes Risiko – da hat auch mancher ein offenes Fenster benützt.
Diese Bearbeitungsgespräche bargen ein hohes psychosoziales
Risiko.*

*Etwas anderes hätte ich dir damals auch noch sagen mögen:
Mensch, die machen dich fertig! Die wollen dich nicht als IM,
sondern dich darstellen, als wärest du einer. Rufmord also. Und:
Sie hatten ja gar nicht so gute Karten. Hättest du gesagt, daß du
um diesen Preis – Bestellung, Gespräche etc. – lieber den Prozeß willst, Berufsverbot mit allen Folgen, das Risiko wäre nach
meiner Erfahrung 50:50 gewesen. Es war durchaus nicht sicher,
daß sie all das machen, das du befürchtet hast!*

Das waren *deine* Erfahrungen, vermittelte wie eigene. *Ich*
hatte keine.

Durch die Freundschaft und die vielen Gespräche mit Havemann, Biermann warst du auf vieles vorbereitet, hattest Erkennt-
nisse gewonnen, die ich, obwohl älter als du, nicht andeutungs-
weise hatte. In mancher Hinsicht stand ich der Situation hilflos
gegenüber.

Und du warst allein, in dieser Hinsicht allein.

*Auch das hatten sie durch die Grenze, durch die Mauer
geschafft, daß nämlich Menschen wie du so isoliert wurden. In
Berlin wäre das noch anders gewesen, dort wärest du ganz
anders frequentiert, einbezogen worden. Dort wäre das alles und
in der Weise gar nicht möglich gewesen. Hier aber warst du für
uns praktisch nicht erreichbar.*

*Wir haben das zum Beispiel bei Büchern gemerkt. In Berlin
konnten wir wichtige Bücher stapelweise unterbringen, Leute
damit versorgen.*

Oh ja, hier kam ich mir ganz und gar abgeschnitten vor. Selbst
nach 1985. Da habe ich mich zwar im Unterricht, in Versammlungen zu vielen Fragen entschieden geäußert. Doch ich spürte
auch, daß man mehr tun müßte, Opposition organisieren müßte.
Und sofort sagte ich mir: Du doch nicht, du bietest doch sofort
Angriffsfläche, eine Gruppe auszuheben. Aber auch darüber
konnte ich mit keinem sprechen.

*Du vergißt, daß die Dissidentenrolle auch eine gewisse Sicher-
heit gab. Hättest du, im Neuen Forum zum Beispiel, eine Rolle*

gespielt, wärst du nicht ganz so schutzlos gewesen. Aber, natür-
lich, der Lehrerberuf, da hätte man dich rausgeschmissen. Eine
schwere Zeit. Bittere Jahre. Ihnen ausgeliefert, isoliert von
Freunden... Die Mielke-Direktiven über das „Destabilisieren,
Entmutigen, Zersetzen" von Personen sind inzwischen bekannt,
veröffentlicht. Eine Mafia- und Mördersprache. Entsetzlich. Und
auf Deutsch...

Utopia war Feindesland

Für mich, aber gewiß auch für viele andere waren die 80er
Jahre eine Zeit, in der man gezwungen war, reduziert zu leben.
Vor allem natürlich in diesem Beruf. Bei mir kam hinzu, daß im
Unterbewußtsein immer nachwirkte, was ich erlebt hatte – und
zwar nicht als *Ermutigung.* Meine Kollegen würden vermutlich
sagen, daß ich nicht gebrochen wirkte, daß ich oft den Mund auf-
machte und mich anlegte mit den Staatsdienern. Aber ich selbst
weiß, daß ich mich viel stärker als früher einer inneren Zensur
unterwarf, indem ich an Folgen dachte.

Wenn über die 80er Jahre gesprochen wird, taucht der Begriff
Nischengesellschaft auf, das ist eine gute Charakteristik. Für
junge Leute war das der Sport, die Disco, in zunehmendem Maße
kirchliche Gruppen. Ich bemühte mich, mit meinen Schülern
alles mögliche zu unternehmen: große Fahrten, Jugendherbergs-
aufenthalte, Kirchenbesuche – immer unter dem Etikett der FDJ,
nicht gegen sie; natürlich in der Hoffnung, daß niemand etwas
anderes erzählt.

Lüge, Heuchelei, Etikettenschwindel nahmen nicht nur auf
Parteitagen und in den Medien zu – viele verfuhren nach dem
Grundsatz der alten Römer: Mundus vult decipi, ergo decipia-
tur*. Als junger Mensch verabscheute ich diesen Satz, in diesen
Jahren habe ich nicht selten nach ihm gehandelt. Also keine
kämpferischen Diskussionen über den 1. Mai und ähnliche
Kampfdemonstrationen, sondern der Hinweis: Kommt alle, zieht
das Blauhemd an – macht mir und euch keinen Ärger, es lohnt
nicht. Auch das FDJ-Studienjahr in meiner 9 bzw. 10 übernahm

---

*Die Welt will betrogen sein,darum werde sie betrogen.

ich selbst; war niemand sonst da, diskutierten wir offen und ehrlich. Kam offizieller Besuch, zogen wir eine Schau ab und hielten uns an die verordneten Themen.

Direktor Tümpel hatte zu Beginn der 80er eine andere Schule übernehmen müssen; an unsere Schule kam ein gewisser M., der gewiß nicht nur für die Volksbildung arbeitete. 1990 weigerte sich jede Schule, ihn auch nur als Lehrer zu nehmen; da besann er sich auf seine Vergangenheit als Handelsmann und ging in die alten Bundesländer, wo wohl niemand nach seinen Beschäftigungen in der DDR fragte.

In den verschiedenen Versammlungen der Lehrerkollegien gab es in diesen 80er Jahren zwei Tendenzen. Bis zur Mitte des Jahrzehnts gab es kaum einmal prinzipiellen Widerspruch, obwohl die Unzufriedenheit mit dieser Gesellschaft wuchs. Unmut und Unbehagen wurden abreagiert mit ständigem Schimpfen über Versorgungsprobleme – davon gab es genug, und kein Versammlungsleiter konnte die Meckerer der Hetze bezichtigen. Es erfolgte nur immer die Aufforderung, nicht über einzelne Erscheinungen zu sprechen, sondern zum Wesen zu kommen. Das änderte sich sehr deutlich mit Gorbatschow. Immer häufiger rührten Diskussionen und Widerspruch an Grundsätzliches. Information wurde gefordert, Mitbestimmung statt des Zerrbildes davon, die Parteilinie wurde in vielen Bereichen immer häufiger in Frage gestellt; erst zaghaft, dann lauter wurde die Führungsriege als vergreist bezeichnet. Und die so sprachen, denen geschah nichts mehr, sie wurden kategorisiert, sicher auch gemeldet, aber sonst geschah nichts. Der Widerspruch: Auf der einen Seite die prügelnde, scheinbar festgefügte Staatsmacht bis zum Herbst 89 – andererseits schon seit 85 Symptome, die Vergreisung, Verfall, Ohnmacht nicht nur bei Honecker, Mielke und Konsorten vermuten ließen. Das zeigte sich auch bei den planmäßigen Weiterbildungsveranstaltungen für Lehrer; nie zuvor hatten Dozenten und Seminarleiter solche Rückzugsgefechte geliefert.

Was waren das für Veranstaltungen? Konnte man seine Weiterbildung selbst organisieren?

Nur sehr bedingt. Es gab ein verordnetes Weiterbildungssystem, streng normiert, zuletzt in Zyklen von 5 Jahren. In diesem Zeitraum mußte jeder ein bestimmtes Pensum absolvieren. Dazu zählte auch je eine Woche Marxismus-Leninismus, also politisch-ideologische „Weiterbildung", eine Woche pädagogisch-psychologische Weiterbildung mit einer starken politischen Komponente. Bildung ist eine sehr ungenaue Bezeichnung dafür, gemeint war vor allem ideologische Aufrüstung. Und ich konnte beobachten, daß dort viel offener, auch aggressiver diskutiert wurde; die Seminarleiter konnten einem fast leid tun.

Welche pädagogisch-psychologischen, welche fachlichen Themen wurden da behandelt?
Da war von Weimar, Klassik überhaupt, Theatertagen bis hin zur neueren DDR-Literatur alles möglich. In Pädagogik und Psychologie: etwa Kollektiverziehung, die sozialistische Persönlichkeit, Berücksichtigung von Altersbesonderheiten, Führung und Selbständigkeit im Unterricht u.v.a. Manches klang im Programm gar nicht schlecht, aber meist hatten die Veranstaltungen mit wissenschaftlicher Weiterbildung wenig zu tun. Das lag vor allem an den Seminarleitern, aber auch bei vielen Kollegen war ein starker Hang zu Praktizismus zu beobachten.

Habt ihr denn herausgefunden, was eine sozialistische Persönlichkeit war?
Wir waren's jedenfalls alle nicht! ...stets willens und fähig, alle Kräfte in den Dienst der sozialistischen Gesellschaft zu stellen, bereit zum Schutz der sozialistischen Heimat, im Konflikt von Individual- und Gesellschaftsinteressen immer letztere vorziehend. Allseitig gebildet, überquellend von kulturellen Interessen und Neigungen. Kurzum: die Verkörperung des klassischen Humanitätsideals, nur ins Unermeßliche gesteigert und von der Partei gelenkt... *Nie* wurde darüber gesprochen, wer gesellschaftliche Interessen *definiert*. Die wurden ja immer wieder auf Parteitagen und Pädagogischen Kongressen verkündigt; nach einem solchen „gesellschaftlichen Höhepunkt" liefen in allen Schulen die gemeinsamen Auswertungen an; die konnten sich leicht ein Jahr und länger hinziehen. Dabei standen nie die Konflikte und Widersprüche zwischen Zielvorstellung und Realität zur Diskussion. Utopia war Feindesland im real existierenden Sozialismus.

Ich erinnere den Pädagogischen Kongreß mit der überaus

militanten Rede von Frau Honecker; was geschah da mit Lehrern und Schülern?

Immer häufiger fiel mir auf, daß sich Schüler bei Großveranstaltungen, politischen Höhepunkten abzuseilen versuchten; immer offener äußerten sie ihr Unbehagen.

Was für Veranstaltungen meinst du?

Das weißt du als gelernter DDR-Bürger doch noch!: 1. Mai, 8. Mai, 7. Oktober, Jugendfestival usw. Mir fiel auch auf, zumindest an meiner Schule, daß immer mehr Lehrer solchen Schülern zu helfen versuchten, durch Gespräche unter vier Augen, durch Erklärung der Folgen, *aber* auch durch Verschweigen der Unbotmäßigkeiten. Die Zahl der sozialistischen Eiferer wurde kleiner; vieles wurde mit Augurenlächeln scheinbar erledigt.

Ich will aber durchaus nicht verschweigen, daß noch genug Lehrer blieben, die verbissen offizielle Ideologie abforderten und Schüler denunzierten. So blieb bei allen Veränderungen in jedem Kollegium ein tiefes Mißtrauen, sobald es um Politisches ging. Und dennoch wurden die Kluft zwischen Propaganda und Wirklichkeit, die Heuchelei in allen Sphären, die ständige Desinformation zugespitzter diskutiert; dabei erlebte ich oft, daß lieber von Verwandtenberichten aus irgendeinem Produktionsbetrieb ausgegangen wurde, als daß die Volksbildung direkt attackiert wurde. Einige Kollegen und ich konfrontierten DDR-Wirklichkeit immer wieder aufs neue mit Gorbatschow-Zitaten. Nie zuvor waren Reden eines sowjetischen Politikers mit derartigem Eifer gelesen worden; außer vielleicht 1968 die Reden der Prager Reformer.

Gab es offizielle Direktiven für den Umgang mit dem Gedankengut aus dem Osten? Gorbi-Reden wurden ja im ND abgedruckt. Und es gab doch auch so etwas wie eine Opposition, unabhängige Friedensgruppen, kirchliche Bewegungen usw., es gab das Beispiel Polen. Was davon war in Zwickau zu bemerken?

Es gab auch in Zwickau kleine Gruppen, ich erinnere Veranstaltungen in der Lutherkirche, in deren Keller. Den Raum kennst du, du hast 1990 dort gelesen. Ihre Wirksamkeit blieb gering, aber ihre literarischen Veranstaltungen waren relativ gut besucht, auch von der Stasi natürlich. Aber im öffentlichen Bewußtsein der Stadt gab es die nicht; viele, ich auch, setzten mehr auf die immer entschiedenere Propagierung der Ideen von Gorbatschow. In jeder Versammlung, im Pausengespräch, im Unterricht konnte man mit Passagen aus Gorbatschow-Reden DDR-Realität verdächtig machen, das Bewußtsein vom notwendigen Untergang dieses Systems befördern. Dagegen unterschätzte ich – ein Fehler, nicht nur von mir – die Wirksamkeit dieser kleinen Gruppen der Opposition. Ich fürchtete, sie gäben vor allem Gelegenheit, jede kritische Bewegung, jeden Veränderungswillen zu kriminalisieren.

Als Gorbi am 7.10.89 in Berlin war, wandte er sich auch an jene Gruppen, die Gorbi, Gorbi riefen, und bestätigte die Notwendigkeit von Reformen. Die dann demonstrierten, jene Zwei- bis Dreitausend, das waren die kleinen Oppositionsgruppen. Also auch Leute wie er wandten sich an den freien Journalismus und an diese Minderheit, hofften auf diese Bewegung.

Aber meinst du nicht auch, daß diese Gruppen in Berlin, Leipzig, Dresden eine andere Rolle spielten als zum Beispiel in Zwickau, also in der Provinz?

Aber auch in Zwickau spürte ich, wenn ich etwa mit dem Gorbi-Anstecker zur Schule ging, daß unter diesem Symbol eine starke Bewegung gegen die DDR wuchs. Er war eine Art Katalysator, die Begeisterung für ihn war vor allem Affront gegen das, was sich da Sozialismus nannte. Ich glaubte, diese Stimmung müsse man nützen. Dagegen fiel mir auf, fielen Namen wie Bohley, Klier, Krawczyk…, gab es bei Kollegen und älteren Schülern zumeist verständnisloses Kopfschütteln. Viele kannten sie gar nicht, weil sie da weggehört hatten, andere hielten sie für Phantasten; *hier* ging von diesen Namen kein Antrieb aus.

Es ist schon interessant, das zu hören. Angst vor den Opfern, die ja sehr individuell, nicht als Gruppe Opfer waren? Es ist auch etwas traurig. Mich betraf's ja auch noch einmal, und bis heute bekennt sich beim ND niemand zu dem Artikel, in dem ich „geheimdienstlich gesteuert" genannt wurde. Die Abzeichen „Schwerter zu Pflugscharen" wurden abgerissen, die Träger schikaniert. Gab es im Fall Gorbi ähnliche Reaktionen?

Ich habe es nicht erlebt, auch nicht gehört. Ich hörte Vertreter der Parteileitung fragen, ob *das* denn sein müsse… Auch denen fiel auf, daß oft gerade *die* Gorbi auf dem T-Shirt trugen, die sich geweigert hatten, der DSF*beizutreten. Es gab Unbehagen, scheele Blicke; Attacken gab es meines Wissens nicht. Amüsant: Gelegentlich wurde die Befürchtung laut, die *Schule* könne negativ auffalllen. Der Schulrat hatte doch nicht angewiesen, man solle Gorbi tragen. Wer weiß...

Überall spürten auch die Herrschenden, daß das Sputnik-Verbot**ein Eigentor war; plötzlich interessierten sich alle. Das verbot wohl ein Einschreiten gegen neue Symbole. Und alle Welt liebte es plötzlich, bei jeder Gelegenheit einen Satz zu zitieren, den einst die Partei bis zum Überdruß eingebleut hatte: „Von der Sowjetunion lernen heißt siegen lernen!"

Und wie war das, wenn gerade du *Gorbi am Revers trugst, wenn* du *so diskutiertest, nach allem, was gewesen war, was deine Rolle noch prägte? War das Befreiung, gab es neue Einflußmöglichkeiten?*

Ich empfand es so. Seit 1987 war ich an einer anderen Schule. Dort wurde gerade zu dieser Zeit mit der Kraft des ganzen Kollegiums eine durch und durch stalinistische Direktorin ihres Amtes enthoben; da alle in gleicher Weise gegen sie auftraten, konnte die Abteilung Volksbildung die Frau nicht mehr halten.

Auch das war schon möglich. Treppenwitz der Wende: Diese Frau, die sich als völlig unfähig zum demokratischen Umgang mit Lehrer erwiesen hatte, wurde an der Pädagogischen Hochschule, wo ihr Gemahl als Dozent o.ä. wirkte, eingestellt, überstand die Wende und steht dort noch immer in Lohn und Brot.

Nach deren Sturz jedenfalls war meine Situation an der neuen Schule tatsächlich erheblich günstiger. Ich schöpfte Hoffnung, trat sehr engagiert auf. Heute meine ich, da wäre viel *mehr* möglich gewesen; ich aber grübelte noch immer über Erfolg und Folgen –: Spätschäden.

Es war befreiend, bei jungen Leuten eine große Aufgeschlossenheit für Politisches zu bemerken, zu befördern. Ein großes Interesse für die BRD, aber auch für die Russen; nur die DDR genoß im Unterricht die gelangweilte Beschäftigung wie ein Fossil. Es war die erbärmliche Hülle, aus der das Leben schon gewi-

---

* DSF: Deutsch-sowjetische Freundschaft.
**Sputnik: Sowjetische Zeitschrift in deutscher Sprache, die 1988 in der DDR verboten wurde.

chen. Eine große Gruppe von Jugendlichen spürte auch kein Verlangen mehr, ihr neues einzuhauchen; andere träumten von Umsturz und Veränderung. Da gab es interessante Auseinandersetzungen. Ich bemühte mich, diese anzuheizen; und gleichzeitig wollte ich nicht angreifbar sein. Ich war schon ein gebranntes Kind.

Natürlich spielt da dein Beruf eine Rolle: immer argwöhnisch betrachtet, immer mit ideologischen Aufgaben betraut.

In den letzten Jahren der DDR trug auch die sogenannte internationalistische Erziehung deutlich Früchte. Die Phrasen zum Thema RGW, die Behandlung von DDR-Touristen in nahezu allen sozialistischen Ländern – Menschen ohne Devisen, Menschen zweiter Klasse –, die verlogenen Darstellungen dieser Länder in Geographielehrbüchern usw. führten zur Ablehnung dieses Teils von Europa. Den anderen kannte man nicht, aus dem Fernsehen kannten die meisten Jugendlichen nur die Bilder von Konsum und Unterhaltungsindustrie. Verachtung, negative Gefühle in der einen Richtung, unkritische Sehnsucht nach der anderen. Wie soll da europäisches Denken entstehen? Provinzialismus. Und Gorbatschow war ein Hoffnungsträger; seine Friedenspolitik traf einen Nerv gerade junger Menschen, sie machte auch Hoffnung auf Öffnung nach Westen...

Spürbare Veränderungen überall. Ich bemerkte eine verstärkte Zuwendung zu kirchlichen Jugendgruppen. Auch Jugendliche, die dem Christentum fernstanden, erzählten mir von Erlebnissen in der Kirche, in Gemeinschaften. Ausbruch aus staatlich verordneter Jugendarbeit. Die Zahl von Cliquen wuchs. Und Jugendliche wurden mutiger, scheuten keine Folgen. Nicht nur bei Lehrern, die freimütig mit Schülern diskutierten – auch bei Scharfmachern änderte sich das Verhalten von Schülern. Andere verweigerten sich, lehnten Schule und Gesellschaft ab und demonstrierten das. Auch diese Zahl wuchs. Leistungsbereitschaft ging zurück; jeder merkte, wußte, daß es darauf sowieso nicht ankam.

Auch Aggressivität, Ausländerfeindlichkeit und ähnliche Erscheinungen nahmen zu – diese Szene wuchs. Man konnte lange vor der Wende verächtliche, aber auch gefährliche Redensarten gegen Vietnamesen und Polen, Russen und Schwarze hören; immer hohler wurden die Phrasen von Völkerfreundschaft. Um nicht ungerecht, unsachlich zu sein: Viele Jugendliche, vor allem christliche, waren da nicht anfällig.

Und ich erinnere mich an Schüler, die bis zuletzt alle Verlautbarungen für bare Münze nahmen.

Du nanntest die kritischen, die fragenden Schüler, besonders die aus christlichen Kreisen. Wie sah es aus mit deren Delegierung zur EOS? Gab es da Behinderungen?

Ich ärgere mich da oft über Klischees, die verbreitet werden, zuweilen wird der Eindruck erweckt, christliche Gesinnung und deren offenes Bekenntnis hätten den Bildungsweg automatisch blockiert. Nach meinen Erfahrungen und Beobachtungen stimmt das *so* nicht. Natürlich hat dieser Staat, hat gerade die Volksbildung christliche Weltanschauung behindert, wo es nur ging, hätte sie am liebsten per Dekret untersagt. Da man das nicht für opportun hielt – schon Neros Erfahrungen sprachen dagegen –, lag es an der subjektiven Verantwortlichkeit des Klassenleiters, des Direktors, wie verfahren wurde. Ein Schüler brauchte doch zahlreiche Beurteilungen, die den Weg zur EOS, zum Abitur, zum Studium ebneten oder verbauten. Also mußte ich ihm Möglichkeiten *organisieren*, auch „gesellschaftliche aktiv" zu sein: Auftritte als Rezitatoren, als Instrumentalisten, als Organisatoren von Klassenveranstaltungen, bei der Betreuung von jüngeren Schülern oder Rentnern... Kein Direktor, keine Kommission beim Schulrat konnte dann die Beurteilung anzweifeln, in der neben fachlichen Leistungen auch Einsatzbereitschaft, gesellschaftliches Engagement usw. bestätigt wurden. Und dann war's nahezu unmöglich, die Aufnahme in die EOS abzulehnen, denn die Eltern wären mit einem Einspruch immer durchgekommen. Das Risiko: Natürlich gab es Kollegen, die einem vorwarfen, man sei nicht wachsam gewesen, die zur Parteileitung, zur Schulleitung liefen; es gab und gibt ja in jedem System Menschen – wieso nicht unter Lehrern? –, die die Intentionen der obersten Behörden gewissenhafter als diese selbst durchsetzen wollten.

Kamen christliche Jugendliche nicht zur EOS, zum Studium, so lag das nicht nur am System, sondern immer auch an gierigen oder ängstlichen Erfüllungsgehilfen. Befehlsnotstand zählt da nicht.

Natürlich gab es noch andere Varianten. Brachte der Direktor, brachte die Partei, vielleicht ein mißgünstiger Kollege *Beweise* über „feindliche Aktivitäten" des Jugendlichen oder der Familie, dann konnte man ihm trotz besten Willens nicht mehr helfen: allzu unvorsichtige Äußerungen im Wehrunterricht, die diese Lehrer – alle ehemalige Militärs – in der Regel sofort denunzierten, Äußerungen gegen Staat und Partei im Staatsbürgerkundeunterricht u.ä… Aber über diese Grenzen konnte man mit den betreffenden Familien vorbeugend sprechen.

Sind dir auch Neonazis begegnet? Nicht als Etikett, ich meine Tendenzen.

Ich denke schon, vor allem in den letzten Jahren. Da ist es nicht ohne Bedeutung, daß die POS, an der ich zuletzt unterrichtete, in einem großen Neubaugebiet liegt. Viel Beton, geringes Freizeitangebot, kaum Plätze für junge Leute. Da gab es an verschiedenen Stellen Gruppen, die gemeinsam die Zeit totschlugen: Moped, laute Musik, ewig die gleichen Themen. Die Wortführer dieser Gruppen fielen nicht selten durch Einstellungen und Verhaltensweisen auf, die ich faschistisch nennen möchte: Antisemitismus, rassistische Ideen, Fremdenhaß, nationale Überheblichkeit. Oft vor dem Hintergrund erschreckender Ahnungslosigkeit. Mitunter einer, der über Hitlerdeutschland gut Bescheid wußte, alles verdrehte, gerade *dort* das Gegenbild zum real existierenden Sozialismus suchte.

Objekt der Verachtung, des Hasses nannte ich schon, z.B. Vietnamesen, Kubaner, Polen, Zigeuner. Aber auch eine erschreckende Intoleranz gegen alle, die nicht zur *Gruppe* gehörten, Drohungen, Brutalität. Schlagring, Ketten, Messer kursierten. Oft waren das gerade die, die schulische Leistungsanforderungen nicht bewältigen konnten oder wollten. Übrigens kümmerten sich Kripo, Stasi kaum um diese Gruppen, sie hießen Rowdys und wurden weitgehend geduldet. Vielleicht sollten sie als Ventil fungieren.

Hier in Neuplanitz hatte ich einen solchen Schüler in der Klasse, mit dem es ständig Konflikte gab. Vater früh gestorben, die Mutter wußte mit dem Kind nichts anzufangen, empfand es als störend. Die Großeltern nahmen das Kind zu sich, gaben sich große Mühe, erfüllten ihm jeden Wunsch. Als sich die ersten Probleme einstellten, versuchte es der Großvater mit Strenge, Drohungen also und Versprechungen. In der Schule immer neue Komplikationen, ständige Verstöße gegen einfachste Normen,

Leistungsversagen. Überall Frust. Nur nicht beim Sport, beim Ringen, dort reagierte er sich ab. Bei allen Gesprächsversuchen nannte er einen Onkel im Westen als Utopia; dort gäbe es keine Beschränkungen, dort würde er klarkommen. Die erträumte Freiheit hieß Harley Davidson*... Meine Einwände, auch dort gäbe es Normen fürs Zusammenleben, sei Leistung gefragt, erzeugten nur hämisches Lachen. Mit meinen Vorhaltungen war *ich die* DDR; aufmischen müsse man alle, die ihn immer wieder nervten... Für diesen Jungen war die Gruppe, in der seine rüden Reden und seine Fähigkeiten beim „Kämpfen" etwas galten, sehr wichtig.

Ein anderer: intelligent, ebenfalls gestörte Familie. Ablehnung aller Regeln, wollte nur tun, was ihm gerade einfiel. Also häufig Konflikte, Schulstrafen, trotz aller Intelligenz schlechte Noten in ungeliebten Schulfächern. Bei ihm war die gründliche Beschäftigung mit der Geschichte des Faschismus, mit Theorien und Symbolen vor allem eine Kriegserklärung an alle die, die ihn einschränken wollten.

Übrigens wurde gerade in diesen Gruppen, von diesen Jugendlichen vieles, was in der DDR immer schwieriger wurde – Versorgungsprobleme, Mißstände in den Betrieben usw. –, mit dümmlichen ausländerfeindlichen Parolen erklärt: Die Polen sind zu faul, sie haben seit 80 oft gestreikt, nun kaufen sie uns alles weg. Was in den Geschäften fehlte, schleppten angeblich die Vietnamesen nach Hause. Die Zunahme von Gewalt, von tätlichen Auseinandersetzungen ginge aufs Konto der vielen Schwarzen.

Hattest du auch in der Schule damit zu tun?
Ja. In allen möglichen Diskussionen, nicht zuletzt im Deutschunterricht. Unsere Lehrpläne enthielten ja viele Ansatzpunkte. Humanität, Solidarität, Toleranz, Achtung vor anderen Menschen, das waren wichtige Erziehungsziele des Literaturunterrichts. Nathan der Weise, Faust I, Djamila, Professor Mamlock, Lyrik von Becher, Brecht, Neruda, um nur einiges zu nennen. Leider erlebte ich nur sehr selten, daß Schüler die Verletzung der gepredigten Ziele durch die DDR, die sozialistischen Länder anprangerten, also die Kluft zwischen Theorie und Praxis be-

---

*amerikanische Motorradmarke

nannten. Aber oft kamen in diesen Diskussionen Äußerungen, von denen ich vorhin sprach, wurden solche Standpunkte vertreten.

Und sie sagten das eher naiv, ehrlich, zu einem, dem sie vielleicht etwas mehr vertrauten? Oder aggressiv dir gegenüber?
Beides, das kam beides vor. Oft freute mich diese Wendung von der Literatur zu Lebensfragen, die Offenheit und Ehrlichkeit, selbst in Aufsätzen. Leider kam es auch vor, daß einfach die offizielle Ideologie attackiert wurde. Der davon sprach, der wurde gleich mit attackiert, zumindest lebensfremd genannt.

Wurden in diesen Diskussionen solche abwertenden Bezeichnungen wie Fidschis, Pollacke usw. benutzt?
Ja, Fidschis, Polacken. Nigger kaum. Selbst Schüler, die ehrlich gegen Rassismus auftraten, engagiert diskutierten, fanden mich wohl eher komisch, daß ich schon in solchen Bezeichnungen Rassismus entdeckte. Wahrscheinlich waren die allenthalben Umgangssprache.

Was meinst du, was da zu tun ist?
Ich habe geredet, geredet, oft mit wenig Erfolg. Jetzt ist meine Situation anders, seit dem Herbst 1990 bin ich wieder an der EOS, ich habe mit anderen Problemen zu tun. Intoleranz, mangelnde Streitkultur gibt es da auch. Bei einigen Schülern, einer Minderheit, gibt es Schwierigkeiten, sich mit dem neuen Staat zu identifizieren, auch nur abzufinden. Plötzlich wird da die Vergangenheit romantisch verklärt.
Die wichtigsten Schritte sind von der Gesellschaft zu machen: Arbeitsbeschaffung, Maßnahmen contra Existenzangst, Perspektiven. Geschieht da nichts oder zu wenig – jetzt, zu Beginn des Jahres 91 *ist* es zu wenig –, ist alle Erziehung zur Demokratie Sisyphusarbeit, auch Donquichoterie.
Mir fällt auf, vor allem im Literaturunterricht, daß Humanität, Toleranz u.a. als hehre Ziele durchaus akzeptiert werden. Wenn dann aber der Vietnamese als Straßenverkäufer stört, der Pole im größeren Auto kommt, der Asylbewerber Geld bekommt, das man selbst zu brauchen glaubt – da kommen Aversionen aus dem Bauch, da zeigt sich Unbewältigtes.
Und doch bleibt mir nichts anderes als Toleranz vorleben, geduldig zuhören, immer wieder miteinander reden. Begegnun-

gen mit Ausländern organisieren, andere kennenlernen, schätzen lernen; menschliche Kontakte als bestes Argument.

Im Herbst 89 war ich mit meiner 10. Klasse in der Sowjetunion, da konnte ich solche Lichtpunkte erleben. Wir haben großen Nachholebedarf – die in der DDR verordnete und vom Staat kanalisierte Beziehung zu anderen Völkern trägt nicht.

Natürlich zeigen all diese Probleme, daß moralische Normen, Werte, die hinter Mauern existieren, sich nun im freien Feld bewähren müssen. Welche Werte haben nach deiner Meinung durchgehalten? Es geht doch um Orientierung.

Ich müßte ja meinen Beruf, meine bisherige Arbeit, meine Überzeugungen leugnen, wenn ich nur Zerstörung sähe. Ich sehe Hoffnung, Werte, trotz aller Verluste und Verformungen: Antifaschistische Erziehung hat trotz aller Verzerrungen doch auch Spuren hinterlassen, humanistische Ideale sind für viele nicht nur Literatur, die Idee von einer sozial gerechten Welt *kann* nicht völlig korrumpiert sein, revolutionär wird kein Schimpfwort bleiben, nur weil es so mißbraucht worden ist. Und ich, vielleicht auch in Erinnerung an meine Jugend, setze auf religiöse Impulse; ich glaube, daß Staatsferne, Konfrontation mit dem Staat, der Kirche, der Religion nicht geschadet haben.

Dort ist eine Quelle für neuen Humanismus.

Im Unterricht und bei Gesprächen entdecke ich eine große Aufgeschlossenheit, Nachdenklichkeit, wenn ich von Moses Mendelssohn, den Lebensproblemen Lessings und Goethes, von Albert Schweitzer und Janusz Korczak spreche; nenn's das Allgemein-Menschliche nach all der Ideologie. Übrigens stoßen diese Namen, diese Bücher zur Zeit bei den meisten auf größeres Interesse als Literatur, die direkt DDR-Vergangenheit aufarbeitet. Problembewältigung durch Gegenwartsliteratur stößt vielfach auf Abwehr; eine vorübergehende Flucht aus allem Politischen kann auch die Stunde weltanschaulicher Besinnung werden, hoffentlich nicht die Stunde eifernder Sektierer.

Ein Staat ist gestorben, der wohl nicht zu „wenden" war. Ich weine ihm keine Träne nach. Ich denke, daß das Fehlen von Demokratie, die permanente Zerstörung von Persönlichkeit, die Lüge und Heuchelei als Staatsprinzip nicht durch Kinderkrippen und verordnete Scheinbeschäftigung aller aufgewogen werden können.

Es steckt für mich viel Hoffnung in diesem Neuanfang deutscher Geschichte, der Geschichte eines Landes, das es schon nicht mehr gegeben hatte.

Wie meinst du das?
Für mich gab es Zeiten, da stand trotz aller Vorbehalte gegen den Staat, in dem ich lebte, fest, daß es ein Deutschland auf dem ökonomischen Fundament von einst nicht mehr geben wird. Und irgendwie fand ich's sogar gerecht.

Wieso? Mit welcher Begründung?
Letztlich war wohl Karl Marx an diesen Gedanken schuld. Die DDR mißfiel mir, aber die Idee von der Beseitigung der Ausbeutung des Menschen durch den Menschen faszinierte mich lange. Also ging mein Denken immer wieder in Richtung Veränderung der DDR, meinethalben in Richtung eines demokratischen Sozialismus. Wie sollte da von Vereinigung geträumt werden? Von Verständigung schon, auch vom Fall der Mauer. Erst in den letzten drei bis vier Jahren wurde mir immer deutlicher bewußt, daß diese sozialistischen Länder wohl allesamt nicht reformierbar sind.

Wie aber konntest du dir erklären, daß auf jenem anderen ökonomischen Fundament Demokratie möglich war, auf sogenanntem sozialistischen nicht?
Heute bin ich überzeugt, daß, Zivilcourage und Engagement vorausgesetzt, in vielen Bereichen demokratische Mitwirkung möglich ist, durchaus nicht in allen. Ich habe auch früher bürgerliche Demokratie als historische Errungenschaft verteidigt, nicht, wie bei uns üblich, nur als Scheindemokratie dargestellt. Jetzt erst entdecke ich allmählich Entfaltungs- und Gestaltungsmöglichkeiten. Soziale Probleme, auch Ungerechtigkeiten, Ungereimtheiten werden nicht aufgehoben; aber der einzelne kann als mündiger Bürger mitreden, kann sich einmischen, natürlich ohne Erfolgsgarantie, oft auch im Kampf gegen Windmühlenflügel; aber *ohne* die Drohung mit Stasihaft bei mangelndem Wohlverhalten. Das ist viel. Also gilt es, Zivilcourage vorleben und lehren, Demokratie als Pflicht sich einzumischen, verständlich machen. Sich nicht von einem Direktor, einer Partei, einem ZK vorschreiben lassen, wann und wo man demon-

strieren, protestieren muß. Die wichtigste Erkenntnis für mich: Dieses neue Deutschland, weit entfernt vom erträumten Utopia, bietet in all seinen Strukturen die Möglichkeit, fordert dazu heraus, sein Gesicht immer menschenfreundlicher zu gestalten. Humanisierung bleibt das große Ziel, aber die Chancen sind ungleich größer als in dem an seinen Geschwüren gestorbenen Staat.

Zum einen gilt es, selbst zu lernen, zum anderen: Welch eine Lust, mit mündigen Menschen zu arbeiten! Freilich steht vieles im Wege: Ein Teil des schlimmen Erbes ist eine erschreckende Politik- und Gesellschaftsverdrossenheit bei vielen jungen Leuten und auch heute erleben viele die Ohnmacht des einzelnen beim Untergang ihres Betriebs. Manchem fleißigen Arbeiter, der über Nacht ohne Arbeitsplatz ist, klingt's gewiß wie Hohn, wenn von naßforschen Politikern verkündet wird, sie müßten auch *selbst* in die Hände spucken. Wenn doch keiner die bespuckten Hände des Bandarbeiters will, der immer nur geschuftet hat. Wie hört da die Tochter dieses Mannes in der Schule zu, wenn du von der vita activa, von selbstbestimmtem Leben sprichst?

Und mitunter kommt dieses Ohnmachtsgefühl trotz aller Demokratie auch aus dem Politischen. Da funktionieren alte Strukturen weiter, findest du alte Funktionäre hinter den Schreibtischen des Arbeitsamtes, die Mißliebigen von einst davor; da schimpfen alle über Stasirenten und -abfindungen, dennoch werden diese lustig verzehrt. Da wächst demokratisches Bewußtsein nur schwer. Demokratische Erziehung muß doch aber wohl vor allem heißen, entsprechende Erlebnisse und Erfahrungen vermitteln. Die jungen Leute hatten in der DDR immer gehört, Demokratie im bürgerlichen Staat sei Narrenfreiheit, bewirken könnten die kleinen Leute letztlich nichts. Nun treibe ihnen jetzt solche Vorstellungen aus! Das ist oft zum Verzweifeln schwer!

Du sprichst von einem Vorurteil gegenüber westlicher Demokratie, das von Faschisten wie von Stalinisten verwendet wurde, um den Begriff, die Sache, die Praxis zu entwerten: Weimarer Demokratie und das Parlament als Popanz. Aus meinen Jahren in Westberlin kann ich sagen, daß ich Demokratie schätzen lernte.

Ich habe harte Kritik, aber ich kann sie äußern. Es ist auch falsch, daß sich dann gar nichts ändert.

Seit langem, spätestens, seit ich begann, Gedichte zu schrei-

*ben, abweichende Meinungen zu formulieren, begegneten mir in
der DDR vor allem zwei Einwände: Das könne gefährlich sein,
und: das habe doch keinen Sinn. – Obwohl das Gegen-den-Sta-
chel-Löcken nun auch sehr real Sinn gemacht hat, sprichst du
wieder von solchen Haltungen, solchem Resignieren. Wie kommt
das, was ist da zu tun?*

Ich habe den Stein der Weisen auch nicht. Ich glaube, es hat
auch mit den Generationen zu tun. Gehe ich von meiner aus:
Geboren in der Nazizeit, nach Umwegen stark links orientiert,
beeinflußt von utopischen Zielvorstellungen – da hatte menschli-
ches Verhalten immer mit Wirkungsstrategien zu tun. Nicht, daß
Vor-sich-selbst-Bestehen gar keine Rolle gespielt hätte, aber
primär war immer die Wirkung, das Ziel. Da wurden sogar Einschränkungen von Demokratie hingenommen, wenn es das Ziel
erheischte. Die jungen Leute von heute, meine Schüler, sind in
einem Staat aufgewachsen, den sie innerlich aus den verschiedensten Gründen mehr und mehr ablehnten. Im Herbst 89 haben
sie das Zerbrechen von unliebsamen Institutionen und Strukturen
bejubelt und begrüßt; da waren viele Hoffnungen. Aber gleichzeitig haben sie auch den Boden unter den Füßen verloren. Vieles, was sie gelernt, oft nachgebetet hatten, stimmt nun nicht
mehr; Selbstverständliches, das ihnen immer als Errungenschaft
gepriesen worden war, bricht weg. Unsicherheit, Ungewißheit,
eigenes Suchen – darauf sind sie kaum vorbereitet. Da kommen
Verhältnisse über sie, die sie ja auch nicht ausgesucht haben. Und
auf vieles haben sie wieder keinen Einfluß. Nun verteidigen sie
plötzlich Dinge, die sie früher gar nicht gemocht haben. Irgendwie verteidigen sie wohl auch ihre Identität und die ihrer Eltern.

Denn da kommen ja auch welche, die nicht wahrhaben wollen,
daß auch *hier* von vielen ehrlich und angestrengt gearbeitet und
Respektables geleistet wurde. Die alles kopfschüttelnd
belächeln und ihre Ansichten, Erklärungen, Vorschläge wie eine
neue Religion rüberbringen. Da sind gewisse Politiker nicht ausgenommen. Gerade *die* bewirken bei Jugendlichen nachträgliches
DDR-Bewußtsein, sozusagen als Akt der Selbstbehauptung. Und
solche Demokraten werben nicht für Demokratie; *das* Wort hatten wir schließlich auch. Bei einer Reihe von Schülern führt das
zu Sympathien mit PDS und FDJ, ohne Kenntnis von Program-
men, mehr als Affront gegen neue Heilsbringer.

Wie kommt es, daß ausgerechnet die PDS mit ihrer Vergangenheit diese Schutzschildfunktionen für einige hat? Warum nicht Bündnis 90, Neues Forum oder andere? Wie siehst du das aus deinen Erfahrungen?

Darüber habe ich mehrfach mit Jugendlichen diskutiert. Zum einen fand ich jene Haltung, die anläßlich der Finanzskandale und des vermuteten Rücktritts von Gysi sichtbar wurde: „Gregor, wir brauchen dich!" Verklärung, Verzicht auf kritische Haltungen, die Sucht nach einer Identifikationsfigur, die es „denen gibt". Und irgendwie eignet er sich ja für solche Inbrunst.

Solche wie ihn hätte man sich vor Jahren als wirkliche Opposition innerhalb der SED, innerhalb der DDR gewünscht.

Aber das kritische Nachdenken, warum er das nie gewesen ist, welche Rolle er und seinesgleichen in der Vergangenheit gespielt haben, das gerade ist da nicht gefragt.

Da spielt eine Rolle, daß die jüngste Vergangenheit, DDR konkret, von vielen schon wieder verdrängt wird. Man sucht einen Schutzheiligen für die Vorbehalte, die man gegenüber der jetzigen Situation hat. Übrigens sind es auch *deswegen* nur wenige, die Demokratie mit den Bürgerbewegungen verwirklichen wollen. Dort sind Einblicke, Zusammenhänge gefragt, nicht die Stimmung aus dem Bauch.

Viele sind nicht nur intelligent, sondern hatten ihren Weg zur EOS noch mit ehrlichem Engagement oder zumindest Kompromißbereitschaft vorbereitet. Viele waren als Pioniere und FDJler in Funktionen gewählt worden, waren ausgezeichnet worden. Trotz allen Wissens um die Verlogenheit des Regimes bleibt vielleicht bei manchem auch noch ein Rest von Einverständnis. Auch Jugendliche müssen ihre Vergangenheit aufarbeiten, obwohl sie nichts Schlimmes getan haben. Vielleicht ist es für manchen besonders schwer, Distanz zu finden. Selbstfindung als Aufgabe für *alle* Generationen!

Du bist nun nach 20 Jahren erneut an einer EOS, einem Gymnasium. Wie kam das? Wie verlief Wende in deiner beruflichen Entwicklung?

Jedenfalls nicht automatisch. Im Oktober/November 1989, noch war nicht klar, *wie* sich diese DDR ändern ließe, gar verschwinden sollte, habe ich bei allen möglichen Instanzen

Rehabilitierung gefordert. Ich wollte mittun, ich wollte endlich neue Wirkungsmöglichkeiten finden.

Ich schrieb an das MfS – noch hieß es so –, verlangte Akteneinsicht, Vernichtung der gegen mich gesammelten Vorwürfe, verlangte die Herausgabe der Bücher, Schallplatten etc., die ich einst hatte „zur Verfügung stellen" dürfen. Und ich forderte diese Behörde auf, dem Schulrat mitzuteilen, aus welchen *politischen* Gründen ich all die Jahre als EOS-Lehrer wie als Fachberater untragbar gewesen war.

Ich schrieb an die SED-Kreisleitung und verlangte, daß man mich rehabilitiere und der Abteilung Volksbildung mitteile, warum ich von MfS und SED beruflich zur Unperson gemacht worden war. Ich wollte nichts mit dieser Partei zu tun haben, aber ich wollte, daß sie Verleumdungen zurücknimmt.

Natürlich schrieb ich an den Stadtschulrat, verlangte Rehabilitierung und Einsatz entsprechend meiner Ausbildung und meinen Fähigkeiten, also in Latein und Deutsch an einer EOS.

Bei alledem habe ich persönlich erfahren, wie sich gerade das MfS aus jeder Verantwortung stahl; einer jener Offiziere, die sich damals mit mir befaßt hatten, erschien zu einer Aussprache, bedauerte das Vorgefallene; aber sie seien ja stets Schild und Schwert der Partei gewesen; *die* habe doch alles gegen mich in die Wege geleitet. Sie hätten mit meiner Ablösung als Fachberater nichts zu tun gehabt, sie hätten schließlich all die Jahre meinen Einsatz an einer EOS *nicht* verhindert. Und meine Bücher und Schallplatten? Wieso ich die nicht früher zurückgefordert hätte, vor 10 Jahren schon; sie hätten gar nicht soviel Platz gehabt, für sie sei das Makulatur gewesen, irgendwann im Reißwolf gelandet. Der trat auf, als sei das MfS ein Dienstleistungsbetrieb der Partei gewesen und alle Mitarbeiter ganz subaltern. Kurzum, der Herr widerte mich so an, daß ich's auf sich beruhen ließ.

Der Schulrat aber kam schon einen Tag, nachdem er meinen Brief erhalten hatte, in die Schule und erklärte mir mit geradezu rührender Besorgtheit, er habe schon alles in die Wege geleitet, er lasse Einsatzmöglichkeiten an den beiden EOS prüfen, alles werde schnellstens geklärt. So konnte ich mir dann sogar aussuchen, an welcher ich arbeiten wollte.

Gerade im sprachlich-kulturellen Bereich ist vieles neu zu gestalten, gerade hier sind Altlasten und Defizite zu beklagen, die es in der Weise im naturwissenschaftlichen Bereich nicht gibt. Es geht um die humaniora*, die weitgehend zur Phrase und zum Staatsschmuck verkommen waren. Die Arbeit ist kompliziert, die tastenden Versuche sind zuweilen bedrückend, die Schwierigkeiten manchmal übermächtig – und doch oder gerade deswegen ist es eine reizvolle Aufgabe. Beglückend ist der Unterricht selbst; man kann vieles ausprobieren, man spürt, wie Verkrustungen aufbrechen, man spürt das Echo.

Gewiß gibt es auch Belastungen der Atmosphäre. Wer wird bleiben? Wie werden sich die ändern, die ihre eigene Mittelmäßigkeit einfach der DDR in die Schuhe schieben? Was ist zu retten? Wer steckt da Linien zu eng ab? Was ist *machbar* von dem, wovon wir träumen.

Ich denke jetzt an Gespräche, die ich in Westberlin erlebte: Dort standen Lehrer in den 60er und 70er Jahren, als sie oft Klassen von 25 und mehr Schülern mit vier und mehr Nationen vor sich hatten, noch ganz anderen Problemen gegenüber. Auch sie erlebten Unverständnis, Auseinandersetzungen, Intoleranz. Das sind wohl Erfahrungen dieses Jahrhunderts: die Entstehung einer europäischen Kultur des Umgangs miteinander. Auch Streitkultur – du hast an Sokrates erinnert. Werden, können denn Lehrer, die Jahrzehnte hier gelebt, gearbeitet haben, das schaffen? Wie denn? Oder vielleicht müßte ein halbes Jahr pausiert werden?

Nein, nein, da bin ich anderer Meinung. Ich denke an ein Marx-Wort, das mir immer gefallen hat, das noch immer des Nachdenkens wert ist: „In der revolutionären Tätigkeit fällt das Sich-Verändern mit dem Verändern der Umstände zusammen." Wir haben es mit einem revolutionären Prozeß in unserem Bildungswesen zu tun, jedenfalls sehe ich es so, nicht etwa nur als Restaurierung von Gewesenem und anderswo Vorhandenem. Die Bewältigung der Vergangenheit, der eigenen und unserer gemeinsamen, muß in der *Arbeit* erfolgen, falls einer sich nicht überhaupt diskreditiert hat für diesen Beruf. In der Arbeit muß das Neue entstehen. Meditation mag in deinem Fach als psychotherapeutische Methode gut sein; dem ehrlichen, fachlich und menschlich kompetenten Lehrer tut anderes not. Selbstbesinnung,

---

*Geisteswissenschaftliche Fächer mit humanistischem Erziehungsanspruch.

Selbstbefragung – selbstverständlich, vorübergehender Ausstieg
– nein. Vielleicht hast du recht im Einzelfall, aber das kann doch
nicht die generelle Lösung sein. Ich denke, wenn das Fundament
stimmt, dann sind die notwendigen Veränderungen eine Hal-
tungsfrage, keine Zeitfrage. Ich denke auch, daß diesen Umden-
kungsprozeß nicht alle meistern werden, vor allem die nicht, die
nur erneute Anpassung wollen, die Vergangenes nicht produktiv
aufarbeiten, sondern nur täglich Bedrohungen abwehren wollen.

*Du sprichst jetzt vom Sich-ehrlich-Machen, es geht auch die
Rede von Überprüfung, Abwicklung. Eine Verbeamtung steht an,
öffentlicher Dienst ist gefordert, Fragebögen wurden ausgegeben.
Das ist die formale Seite. Wie offen aber sind denn die Strukturen? Gerade dort, wo Berichte geschrieben, Akten angelegt oder
geführt wurden? Schule – Pädagogik – Partei – Stasi?*

Die Strukturen sind scheinbar offen. Jedem wurde seine
Kaderakte – einst vom Direktor geführt, von der Abteilung
Volksbildung kontrolliert und verwendet – laut Anweisung vorgelegt, im Frühjahr 1990. Alle Unterlagen, außer Zeugnissen,
Lebenslauf, Fragebogen, wurden ausgehändigt. Übrigens auch
alle Lobeshymnen. Was einer vernichten wollte, konnte er vernichten. Mir kam die Erinnerung an Lehrer, die ich nach 1945
erlebt hatte: Die aus den Ostgauen, in denen Parteiarchive dem
Krieg zum Opfer gefallen waren, hatten von einer NSDAP kaum
gehört, der HJ hatten sie natürlich *widerstanden*.

Und Vorgesetzte hatten zuvor auch manches entfernen können.
Sicher war das möglich. Alle Einlagen waren zwar numeriert,
aber in meinen Akten fehlten etliche laufende Nummern. Und
unsere neugewählte Direktorin wußte von nichts, was ich ihr
glaube. Überprüfbar war das alles *nicht*.

Kaum offengelegt sind die Verflechtungen von staatlichen
Stellen, Partei, Stasi. Was da an Schulen wirklich gelaufen ist,
auf welchem Weg Kollegen nach oben geschleudert, nach unten
gestoßen wurden, wird schwer nachprüfbar sein. Da genügte oft
ein Anruf, ein mündlicher Hinweis in der Kreisleitung, ein „guter
Rat"; sicher gingen Motive für Entscheidungen gar nicht immer
in die Akten ein. Und die es wissen, die schweigen. Sicher hängt
das auch damit zusammen, daß im Frühjahr 1990 neue Leute
gesucht wurden, Direktoren wurden gewählt, die alten versanken

in der Anonymität. Damit waren sie zumeist auch aus der Schuß-
linie. Rechenschaftslegungen der Ausscheidenden, der Abge-
wählten gab es nicht. Viele persönliche Geschichten an Schulen
bedürfen gewiß noch der Aufarbeitung. Zur Zeit dominieren
strukturelle Veränderungen. Angst wechselt mit Hoffnung, die
„Übernahme" ist das Problem, nicht die Vergangenheit. Auch all
die Lehrerverbände artikulierten vor allem den reibungslosen
Übergang, nicht Vergangenheitsbewältigung und Neubeginn.

*Wie stellst du dir Bildung, Ausbildung von Lehrern vor – an
Universitäten und Hochschulen, sowohl fachlich als auch
pädagogisch-psychologisch? Und wie denkst du über das Was
und Wie gerade im Fach Deutsch? Was hältst du für besonders
wichtig? Welche Bücher hältst du für vordringlich? Was macht
dir Spaß, was brennt dir auf den Nägeln?*
  Du magst mit deinen Fragen eine Art Ausblick meinen, die
Antworten könnten Gegenstand eines ganzen Buches sein.
  Vielleicht müssen die entscheidenden Impulse von der Lehrerbildung, der Lehrerpersönlichkeit herkommen? Vielleicht sind
Strukturen zweitrangig? Der Geist einer Schule, ihr Leistungsan-
spruch und die Art, wie er erfüllt wird, – wird das nicht primär
vom Lehrer bestimmt, geformt? Du siehst, ich bin und bleibe ein
Idealist! Ein Professor Rat würde auch an einer Gesamtschule
Schaden anrichten, ein Janusz Korczak ließe auch ein Gymnasium wohnlich werden. Ich verzichte auf eine Liste weiterer Für-
sprecher. Es muß über die Ziele gestritten werden. In jeder
Schule muß dem jungen Menschen bei der Bewältigung seines
ganz individuellen Weges geholfen werden, bei der Entdeckung
seiner selbst. Wissen ist auch Mittel zu diesem Zweck, jedenfalls
kein Selbstzweck.
  Diese Zielstellungen schließen ein, daß das Nachdenken darüber nie aufhört. Und alles hat damit zu tun, *warum* einer Lehrer
wird. Ist's darum, weil Beamte relativ sicher leben, wohlbestallt,
unkündbar? Dann sind die hehren Ziele ohnehin Geschwätz.
Wünschen wir uns wenigstens einen produktiven Widerspruch
zwischen großartigen Erziehungszielen und Erziehungswirklich-
keit!
  Weißt du, wenn ich antifaschistische Literatur behandeln
mußte, mit Einschränkungen auch wollte, habe ich immer versucht, nicht primär das Barbarische, Brutale in den Mittelpunkt

zu rücken, sondern die *Bedrohung* des Humanen in den diffizilen Formen. Die Anfälligkeit für gewisse Verführungen durch die Macht, den Zusammenhang von Angst und Versagen, die menschliche Bedrohung in den Mechanismen von Anpassung und Unterordnung. Das Versagen in Bewährungssituationen aus scheinbar verständlichen Gründen.

Man erlebt zur Zeit so oft jenes hämische Zeigen mit dem Finger: Die waren das! Der hat das!!! ...Selbstbefragung ist vonnöten. Auch *sich* in solcher Literatur entdecken, eigene Anfälligkeit, eigene Gefährdung. Nicht die Lektüre unter dem Motto: Mein Gott, ich danke dir, daß ich nicht bin wie diese da!

Jürgen Fuchs: Und wie weiter?
Gerhard Hieke: Manchmal weiß ich es nicht. Dann denke ich nur an den nächsten Tag, die Aufsätze müssen korrigiert werden...

Jürgen Fuchs: Du bist ein guter Lehrer!
Gerhard Hieke: Danke.

Jürgen Fuchs: Ich danke dir! Vor allem danke ich dir.
Gerhard Hieke: Wofür?

Jürgen Fuchs: Für Jakob Apfelböck. Für deinen guten Unterricht. Daß du durchgehalten hast in diesem Drecknest Zwickau. Daß du abgelehnt hast, mit der Stasi zu kooperieren. Und danke für dieses Gespräch. Jetzt mache ich das Tonband aus.
Gerhard Hieke: Bleibt ihr in Westberlin?

Jürgen Fuchs: Dort bin ich gern. In Jena haben wir uns ein Zimmer eingerichtet, über einem Friseurladen. Ein Haus ohne Dachrinnen...
Gerhard Hieke: Oje.

Bezirksverwaltung für Staatssicherheit   Reichenbach,
Karl-Marx-Stadt   den 9.5.77
KD Reichenbach   Tgb.-Nr. 866/77
Der Leiter   Die/Schä
Ministerium für Staatssicherheit   VL/1357/77
–HA IX/2 –über Leiter der BV Berlin

INFORMATION*

über Verbindungen des Fuchs, Jürgen, geb. 19.12.50 in Reichenbach

Im Rahmen der operativen Bearbeitung von Personen zur Aufklärung und Bekämpfung der politisch-ideologischen Diversion im Kreis Reichenbach wurden inoffiziell folgende aktive Verbindungen des Fuchs, Jürgen zu Personen aus Reichenbach bekannt:

1. H i e k e , Gerhard
geb. 1.6.36 in Mylau
wohnhaft Reichenbach, Heubnerstr. 5
erl. Beruf: Diplomlehrer
Tätigkeit: Lehrer an der Fröbelschule in Zwickau
Parteizugehörigkeit: SED

Der Hieke war bis 1968 Lehrer für Deutsch und Latein an der EOS "Goetheoberschule" Reichenbach und Klassenleiter der Klasse, der auch Fuchs angehörte. Seit dieser Zeit besteht ein freundschaftliches Verhältnis zwischen beiden. Über die Vergangenheit des Hieke sind zu seiner Charakterisierung folgende Fakten von operativer Bedeutung:
Er studierte an der Karl-Marx-Universität Leipzig und wurde 1956 für 1 Jahr exmatrikuliert, da er in Zusammenhang mit dem Putschversuch in Ungarn in einer FDJ-Hauptversammlung pro-

---

*Abschrift aus der Akte XV 5171/76 Band 10 / S. 64-66   über J. Fuchs, als Feind bearbeitet u.a. in den Operativen Vorgängen „Pegasus" und „Opponent" bis Ende 1989 (Akteneinsicht beim Bundesbeauftragten für Stasi-Unterlagen im Februar 1992).

vokatorisch auftrat. 1962 wurde er durch die Abt. Volksbildung des Rates des Kreises Reichenbach verwarnt. Hieke verbreitete im Musikunterricht, entgegen dem Lehrplan, christliche Lieder, wozu er eigene Schallplatten und Plattenspieler benutzte. Er war zu dieser Zeit an der POS "Weinholdschule" in Reichenbach als Lehrer tätig. Entsprechend seiner Qualifikation und seines eigenen Wunsches wurde er 1963 an die EOS Reichenbach als Fachlehrer für Deutsch und Latein versetzt. Bis 1967 leistete er eine sehr gute Arbeit und erhielt dafür die "Medaille für ausgezeichnete Leistungen."

Ab 1967 begann Hieke wieder in negativer Form wirksam zu werden. Er ging bei der Erläuterung von Problemen der gesellschaftlichen Entwicklung stets von negativen Erscheinungen aus und stellte diese in der Vordergrund. Im Unterricht verbreitete er Ideengut der bürgerlichen Philosophen und beeinflußte damit einen Teil der Schüler in der Richtung, daß sich diese nur noch mit derartiger Literatur beschäftigten. Diese Auswirkungen zeigten sich darin, daß diese Schüler bestrebt waren, einen Club zu bilden mit dem Ziel, sich mit bürgerlichem Ideengut zu beschäftigen unter dem Vorwand, den Marxismus/Leninismus auf seine Richtigkeit bzw. auf seine richtige Anwendung in der DDR zu überprüfen.

Mit dem Hieke wurden 1968 an der EOS mehrere Aussprachen geführt, in deren Ergebnis er sein Arbeitsverhältnis kündigte und ab 1.9.68 als Güterbodenarbeiter auf dem Bahnhof Reichenbach tätig war. 1970 wurde bekannt, daß er im Kreis Zwickau wieder als Lehrer tätig ist. Die Beziehungen zwischen Fuchs und Hieke sind seit dessen Besuch der EOS Reichenbach nicht abgebrochen. Am 25.3.77 wurde inoffiziell bekannt, daß Hieke den Fuchs als seinen Freund bezeichnete und Fuchs, wenn er bei seinen Eltern in Reichenbach war, sich dort nur wenige Stunden aufhielt, aber 2-3 Tage bei der Familie Hieke blieb. In diesem Zusammenhang erklärte Hieke, daß er alle Gedichte von Biermann kennt, da sein Freund (Fuchs) bereits verhaftet sei...
Zur weiteren Bearbeitung der Person Hieke...durch unsere Diensteinheit bitte ich Sie um Informationen zu folgenden Fragen:

–Welche Beziehungen bestehen bzw. bestanden durch Fuchs nach dem Kreis Reichenbach?

–Welche Rolle spielt der Hieke bei der Entwicklung des Fuchs?

–Womit wurde sich während der Besuche des Fuchs bei Hieke
beschäftigt?
   –Welche Pläne, Absichten und Ziele des Hieke...gibt es?
   –Welche weiteren Verbindungen des Hieke...sind bekannt?

Um Kenntnisnahme und baldige Rückantwort wird gebeten.

Bestätigt:
Leiter der Bezirksverwaltung
Gehlert (Unterschrift),   Kautzberger (Unterschrift)
Generalmajor   Major

INHALTSVERZEICHNIS

ISBN 3-86163-047-8
© BASISDRUCK Verlag GmbH
Berlin 1992
Gestaltung: Sonja Hennersdorf und Birgit Thiel
Satz: BasisDruck
Druck: Hilberts und Pösger
Bindung: Mikolai
Alle Berlin